Dr. Ingeborg Cernaj

Mehr Vitalität durch Melatonin

Wie Sie mit dem Hormon Melatonin Ihre innere Uhr richtig programmieren
Wirksame Hilfe gegen Antriebsschwäche, Nervosität, Reizbarkeit, Schlafstörungen, Jet-lag und Erschöpfung

Südwest

Inhalt

Melatoninkristall unter dem Mikroskop.

Gesund und fit bleiben bis ins hohe Alter.

Obst und Gemüse enthalten Biostoffe, die Melatonin unterstützen.

Erholsamer Schlaf ist für Ihre Gesundheit von großer Bedeutung.

Vorwort

»Ja, wir haben es!« – Augenzeugen berichten: Mit großen, auffälligen Lettern werben Drugstores in den USA die Passanten. Jeder weiß, was mit »es« gemeint ist: Ein weißes Pulver, zu Tabletten oder Dragees gepreßt, das ewige – oder doch zumindest gut 120 Jahre währende – Jugend und Fitneß verspricht. Der Run auf Melatonin ist in den Staaten vor knapp einem Jahr ausgebrochen – und mittlerweile auch nach Deutschland übergeschwappt. Innerhalb weniger Monate waren die kleinen Plastikfläschchen mit dem auf einmal so begehrten Inhalt vergriffen, nachdem sie vorher monate- und jahrelang unbeachtet zwischen Vitaminen und Spurenelementen in den Regalen gestanden hatten. Was war geschehen?

In den USA ist Melatonin ein Renner in den Apotheken. Kein Wunder – schließlich haben Wissenschaftler um die Wirkungen der Wunderdroge ordentlich Lärm gemacht.

Viel Lärm um die Wunderdroge

»Es ist unser Ziel, eine Menge Lärm zu machen«, wird der amerikanische Altersforscher William Regelson zitiert. Seit Jahren habe er zusammen mit seinen Kollegen – allesamt angesehene Forscher – versucht, in wissenschaftlichen Kreisen auf die erstaunlichen Wirkungen von Melatonin hinzuweisen, doch vergeblich. Deshalb seien die Melatoninexperten mit ihren Entdeckungen an die Öffentlichkeit gegangen, um sie bekannt zu machen.
Das ist ihnen zweifelsohne gelungen. Melatonin ist – wortwörtlich – in aller Munde. Denn wer möchte nicht gerne über hundert Jahre alt werden – und dabei auch noch fit bleiben? Jetzt endlich horchen Ärzte, Biologen, Biochemiker und Wissenschaftler anderer Fachrichtungen auf und melden sich zu Wort. Warnend, skeptisch – doch zunehmend auch mit experimentellen Daten, die optimistisch stimmen.

Melatonin scheint nicht nur bei Jet-lag und Schlafstörungen zu helfen: Es unterstützt, so die neuesten Erkenntnisse, auch das körpereigene Abwehrsystem, fängt schädliche freie Radikale ab, senkt den Cholesterinspiegel, schont das Herz und schützt vor den Auswirkungen der Radioaktivität.

Melatonin aus der körpereigenen Apotheke

Ist Melatonin wirklich ein Wunderhormon, jener Jungbrunnen, nach dem die Menschheit so lange suchte? Die moderne Wissenschaft hat mittlerweile einen großen Teil des Geheimnisses um unsere Lebenserwartung gelüftet. Wir sind dem Altern nicht hilflos ausgeliefert – und unser Verbündeter im Kampf gegen Gebrechlichkeit und vorzeitigen Verschleiß heißt tatsächlich Melatonin. Doch nicht der schnelle Griff in die Pillendose verspricht den Erfolg. Um jung und fit bis ins hohe Alter zu bleiben, brauchen Sie keine Wunderpille – denn den Jungbrunnen besitzen Sie ohnehin. Und zwar in Form eines erbsengroßen Organs, an der Gehirnbasis eingebettet, das Zirbeldrüse heißt. Hier kriegen Sie Ihr Melatonin umsonst, ohne Rezept, sofort und frei Haus.

Tatsächlich scheint Melatonin einige segensreiche Wirkungen zu haben – von der Milderung des Jet-lags bis zur Unterstützung des Immunsystems im Kampf gegen den Krebs.

Morgens frisch und munter aufwachen – dafür sorgt Ihre Zirbeldrüse, wenn sie optimale Arbeitsbedingungen erhält.

Schon der römische Arzt Galenus (129–199 n. Chr.) kannte die Zirbeldrüse. Nur wußte er nicht, daß sie das Hormon Melatonin produziert.

Melatonin – Wundermittel oder Bluff?

Was kann Melatonin?

»Gut gegen Halsweh, Impotenz und Schweißfüße«, spotten Kritiker, wenn sie von einem Universalheilmittel hören. Und meist zu Recht – denn gewissenlose Verkäufer verschiedenster Wundermittel preisen ihre Ware oft mit Wirkungen an, die übertrieben oder gar nicht nachweisbar sind.
Sollte es etwa bei Melatonin anders sein? So erstaunlich und unglaublich es auch klingen mag: In Experimenten in zahlreichen Laboratorien weltweit und bei Untersuchungen an Mensch und Tier wurden in jüngster Zeit viele wahrlich wundersame Wirkungen von Melatonin aufgedeckt. Eine der spektakulärsten Entdeckungen ist dem italienischen Wissenschaftler Walter Pierpaoli gelungen: Das Zirbeldrüsenhormon kann tatsächlich jünger machen.

Eine erstaunliche Entdeckung gelang dem Biologen Pierpaoli mit seinem Mäuseexperiment: Der Alterungsprozeß der Tiere ließ sich durch das Zirbeldrüsenhormon beeinflussen.

Kleine Drüse mit großer Wirkung – die Zirbeldrüse

Wie der Schöpfer selbst muß sich Pierpaoli vorgekommen sein, als er das Resultat seiner mittlerweile weltbekannten Experimente betrachtete: Der Immunologe war eines Tages auf den Gedanken gekommen, die Zirbeldrüsen junger und alter Mäuse operativ auszutauschen. Ob Pierpaoli selbst erwartet hatte, was sich anschließend eingestellt hat, kann keiner sagen. Die jungen Mäuse waren nicht wiederzuerkennen: Schlapp, müde und altersschwach präsentierten sie sich dem

Forscher. Die alten dagegen waren fit und putzmunter und führten sich auf wie Jünglinge. Sogar ihr Spaß am Sex war wiedererwacht.

Aus Alt mach Jung

Doch nicht nur die Lebenslust der Mäuse war nach der Operation verändert. Pierpaoli stellte fest, daß die alten Mäuse mit den jungen Zirbeldrüsen viel länger lebten, als sonst jemals eine Maus gelebt hat – und zwar bei bester Gesundheit. Den vor der Operation noch jungen Mäusen erging es dagegen schlecht: Nie wieder erlangten sie ihre Jugend; sie siechten dahin und starben alle im ansonsten besten Mäusealter.
Pierpaoli ist davon überzeugt: Die Veränderungen sind einzig und allein der Wirkung von Melatonin zu verdanken – jenes Hormons, das bei jungen Tieren in großen Mengen in der Zirbeldrüse entsteht. Im Alter sei die Zirbeldrüse nicht mehr in der Lage, genügend Melatonin zu bilden – das sei das ganze Geheimnis des Siechtums. Viele Melatoninforscher begannen alsbald, das Hormon selbst zu schlucken.

Die Zirbeldrüse an der Gehirnbasis ist der Hauptproduzent von Melatonin. Sie entscheidet darüber, ob der Körper jung ist oder alt: Alte Mäuse werden wieder jung, wenn ihnen die Zirbeldrüsen junger Mäuse eingepflanzt werden – und umgekehrt.

Nicht die Menge ist entscheidend

So umwerfend und aufsehnerregend diese Experimente auch sein mögen: Der Weisheit letzter Schluß sind sie nicht. Seit Walter Pierpaoli die Zirbeldrüsen seiner Mäuse vertauscht hat, sind fünf Jahre ins Land gegangen, in denen sich Forscher aus aller Welt intensiv dem Melatoningeheimnis gewidmet haben. Und deutlich beginnt sich eine völlig neue Ansicht herauszukristallisieren – wonach Pierpaolis Schlußfolgerungen etwas korrigiert werden müssen.
Es scheint unumstritten, daß Melatonin beteiligt ist, wenn es ums Jungbleiben oder Altwerden geht. Doch nicht die Menge macht's, sondern der Rhythmus; das geht klar aus den jüngsten Untersuchungen und Experimenten hervor.

Wenn entsprechende Erkenntnisse vorliegen, können junge wie alte Menschen die wundersamen Wirkungen von Melatonin nutzen – ohne Pillen oder Tabletten schlucken zu müssen. Ob Regelsson, Pierpaoli und die anderen Forscher nach Bekanntwerden der neuesten Erkenntnisse immer noch täglich ihre Melatonintabletten schlucken, bleibt allerdings ein Geheimnis. In den neuesten Interviews wird darüber nicht gesprochen…

Ob Melatonin der Jungbrunnen der Zukunft sein wird, läßt sich heute nicht mit Gewißheit sagen.

Nur ein unscheinbares Molekül

Eigentlich ist Melatonin nichts weiter als ein kleines Molekül aus ein paar Kohlenstoff-, Wasserstoff-, Sauerstoff- und einem Stickstoffatom. Der menschliche Körper produziert täglich etwa 30 Mikrogramm Melatonin – das sind 30 Millionstel eines Gramms. Der Löwenanteil davon entsteht bei Nacht in der Zirbeldrüse; eine kleine Menge bildet sich aber

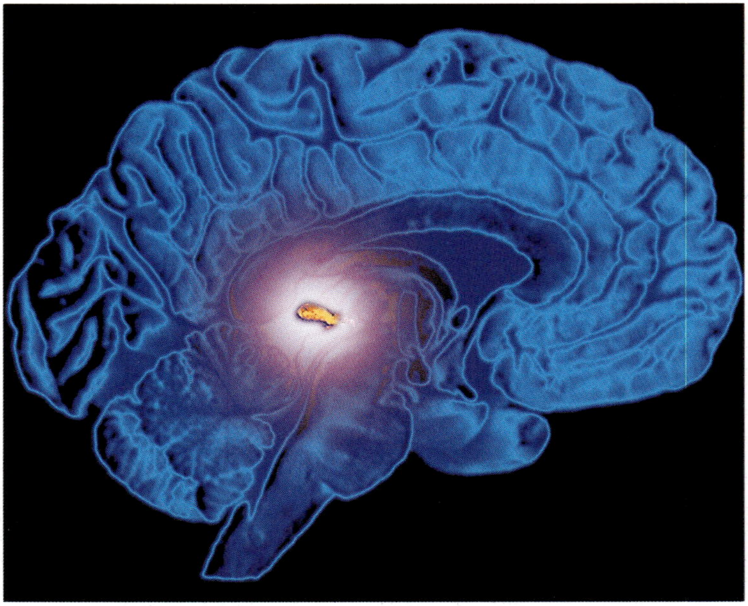

Die Zirbeldrüse – medizinisch Glandula pinealis oder Epiphyse genannt – liegt eingebettet zwischen den Hirnhälften an der Gehirnbasis.

auch in der Netzhaut der Augen. Ob auch im Darm Melatonin entsteht, darüber diskutieren die Experten noch eifrig. Sicher scheint derzeit: Für die Versorgung des Körpers mit Melatonin ist vorrangig die Zirbeldrüse verantwortlich.
Das Hormon der Zirbeldrüse, Melatonin, reguliert unter anderem den Schlaf- und Wachrhythmus: Ist die Konzentration von Melatonin im Blut hoch, wird der Mensch müde und schläft ein. Bei niedrigem Melatoninspiegel wird er wach und munter.

Selbst die alten Griechen, die über erstaunlich viel medizinisches Wissen verfügten, waren nicht dahintergekommen, was es mit der Zirbeldrüse auf sich hat.

Die Zirbeldrüse – biologisches Überbleibsel oder Jungbrunnen?

Mit der Zirbeldrüse ist es wie mit dem Aschenbrödel in Grimms Märchen: Lange Zeit verkannt und für nicht der Rede wert gehalten, gerät sie plötzlich ins Rampenlicht der Öffentlichkeit und steht im Zentrum allgemeinen Interesses. Für den »schäbigen Rest des dritten Auges« ohne erkennbaren Sinn und Zweck haben Wissenschaftler noch vor nicht allzu langer Zeit die Zirbeldrüse gehalten. Schon der römische Arzt Galenus und die altgriechischen Anatomen kannten das winzige Organ, das ein wenig an eine Zirbelnuß erinnert und von dieser seinen Namen erhielt (lateinisch heißt die Zirbeldrüse Glandula pinealis; von Glandula für Drüse und Pinus für Kiefer) – doch es blieb ein Rätsel, wozu es dienen sollte.

Treffpunkt für die Lebensgeister?

In der Antike waren die Gelehrten zunächst der Meinung, die Zirbeldrüse würde den Gedankenstrom des Menschen lenken. Vor rund dreihundert Jahren kam dann der französische Philosoph René Descartes zu dem Schluß, daß die Zirbeldrüse eine Art Sammelbecken für die Lebensgeister des

Menschen sei und daß hier Leib und Seele zusammenträfen. Erst 1958 entdeckte der amerikanische Wissenschaftler A. Lerner, daß die Zirbeldrüse ein Hormon produziert – nämlich Melatonin. Weitere 20 Jahre dauerte es, bis endlich ausreichend empfindliche Methoden entwickelt wurden, die es ermöglichten, den Melatoningehalt im Blut und im Urin von Mensch und Tier zu messen.

Die Zirbeldrüse wurde schon vor mehr als zweitausend Jahren entdeckt – doch noch in den 50er Jahren des 20. Jahrhunderts war ihre Aufgabe unbekannt.

Hormonproduktion – in festem Rhythmus

Bald darauf entdeckten die Forscher, daß die Melatoninproduktion nach einem festen Tag- und Nachtrhythmus abläuft. Von da an war es nur noch ein Katzensprung zur Erkenntnis, daß Melatonin die Abfolge von Schlaf- und Wachphasen des Menschen regelt: Zirkuliert im Blut viel Melatonin, werden wir müde und schlafen leicht ein. Bei geringer Melatoninkonzentration im Blut erwachen die Lebensgeister und halten den Körper munter.
Über weitere Jahre hinweg war dies alles, was die Wissenschaft über Melatonin zu berichten wußte – neue Erkenntnisse wollten einfach nicht auftauchen. Bis kürzlich Walter Pierpaoli und andere Forscher ihre umwerfenden Entdeckungen machten. Seither überschlagen sich die neuen Erkenntnisse – und die Popularität des Wunderhormons Melatonin steigt unaufhaltsam. Denn so manche wissenschaftliche Entdeckung läßt vermuten, daß Melatonin tatsächlich das Zeug zum Jungbrunnen hat:

- Wie rasch der menschliche Körper altert und verfällt oder wie lange er dem nagenden Zahn der Zeit widerstehen kann – dabei mischt die Zirbeldrüse gründlich mit.
- Genauso beeinflußt es das Immunsystem des Menschen – und entscheidet dadurch mit bei der Frage, ob der Mensch sich einen Schnupfen holt oder auch, ob er an Krebs erkrankt.

Melatonin – eine vielseitige Arznei

Die Kristallstruktur des Melatonins in 100facher Vergrößerung.

Ein Bodyguard gegen das Altern

Von freien Radikalen weiß mittlerweile jeder, daß es sich um keine extreme politische Organisation handelt, sondern um eine Gruppe besonders reaktionsfreudiger chemischer Verbindungen. Durch diese Reaktionsfreudigkeit können freie Radikale lebenden Organismen äußerst gefährlich werden: Sie versuchen überall anzudocken und mit den verschiedensten körpereigenen Strukturen chemische Bindungen einzugehen – z. B. mit Molekülen in Enzymen, Zellmembranen oder – noch gefährlicher – in der Erbsubstanz, der sogenannten DNS (Desoxyribonukleinsäure).

Krebs durch freie Radikale

Eine von freien Radikalen geschädigte Zelle geht im günstigen Fall zugrunde; im ungünstigsten Fall aber verwandelt sie sich in eine Krebszelle und kann den gesamten Organismus schädigen. Das Unangenehme an den freien Radikalen ist, daß sie nicht nur aus der Umwelt auf uns einwirken: Sie entstehen auch in unserem Körper; bei allen Prozessen des Stoffwechsels werden sie immer wieder gebildet. Die größte Portion freier Radikale entsteht im Gehirn, weil dort die Stoffwechselprozesse am intensivsten ablaufen.
Mutter Natur hat uns zum Glück gleich mehrere Waffen gegen die freien Radikale mitgegeben: Manche Enzyme können die aggressiven Verbindungen abbauen; auch Vitamine und bestimmte Mineralien aus der Nahrung sind hilfreich.

Freie Radikale – erst seit kurzer Zeit weiß man um die Gefährlichkeit dieser chemischen Verbindungen für den menschlichen Organismus.

Natürliche Waffen

Freie Radikale sind aggressive chemische Verbindungen, die lebende Zellen schädigen können. Die so geschädigten Zellen führen nicht selten zu Krebs. Deshalb sind Wirkstoffe, die freie Radikale unschädlich machen können – sogenannte Radikalefänger –, ein wichtiger Schutz vor Krebs.

Doch der Radikalefänger Nummer Eins wurde erst unlängst entdeckt: das Melatonin. Das Hormon der Zirbeldrüse fängt im Durchschnitt etwa 500mal so viele freie Radikale ab wie alle bisher bekannten Radikalefänger. Außerdem kann Melatonin ein wichtiges Entgiftungsenzym – die sogenannte Glutathionperoxidase – aktivieren und dadurch gleich mit doppelter Kraft gegen die freien Radikale loslegen.

In einem gesunden Körper produziert die Zirbeldrüse Nacht für Nacht Melatonin: Die Konzentration des Hormons steigt rapide an, die Jagd auf freie Radikale kann beginnen. Die aggressiven Chemikalien, die während des vorangegangenen Tages durch die verschiedenen Stoffwechselprozesse im Organismus entstanden sind oder aus der Umwelt in den Körper gelangten, werden bei dieser nächtlichen Razzia samt und sonders abgefangen. Am nächsten Morgen ist der Körper gut ausgeruht und von schädlichen freien Radi-

Freie Radikale – auch am Altern schuld

- **Nach den jüngsten Forschungen vermuten die meisten Wissenschaftler, daß der Prozeß des Alterns vor allem von freien Radikalen hervorgerufen wird. Sie schädigen die verschiedenen körpereigenen Gewebearten; sie sind dafür verantwortlich, daß die Blutgefäße spröde werden und verkalken, sie zerstören die Erbinformation in den Zellkernen und führen zu Zellentartungen und schließlich zu Krebs.**
- **Auch die Altersdemenz – der Gedächtnisschwund im Alter – ist vermutlich Folge der unseligen Tätigkeit freier Radikale im Gehirn. Menschen, deren Melatoninhaushalt im Gleichgewicht ist, sind vor diesen Folgen besser geschützt und bleiben länger körperlich und geistig fit.**

kalen befreit. Jetzt stellt die Zirbeldrüse ihre Tätigkeit ein – denn solange Melatonin im Blut zirkuliert, wird der Mensch nicht so recht munter, sondern bleibt schläfrig und müde. Bis zur nächsten Nacht kommt der Organismus nun sehr gut ohne Melatonin aus und ist zu hoher körperlicher und geistiger Leistung bereit. Sobald es dunkel wird, beginnt die Zirbeldrüse wieder mit der Hormonproduktion und liefert eine weitere Dosis Melatonin.

Melatonin ist einer der effektivsten Radikalefänger, die es gibt. Die bei Nacht produzierten Hormonmoleküle gehen auf die Jagd nach den gefährlichen Eindringlingen.

Schutz für die Blutgefäße

Niedrige Cholesterinwerte durch Melatonin

Doch nicht nur als Radikalefänger macht Melatonin von sich reden. Hormonforscher (Endokrinologen) aus dem amerikanischen Danbury stellten fest: Menschen, bei denen die Zirbeldrüse in der Nacht nicht genügend Melatonin bildet, haben deutlich erhöhte Cholesterinwerte.
Aus Tierexperimenten war den Forschern bereits seit einiger Zeit bekannt, daß Melatonin auf eine bisher noch nicht geklärte Weise den Cholesterinspiegel im Blut beeinflussen kann. Denn bei Ratten, denen operativ die Zirbeldrüse entfernt wurde, schoß die Konzentration von Cholesterin im Blut prompt in die Höhe.
Der günstige Einfluß von Melatonin auf die Cholesterinwerte ist so auffällig, daß Dr. Sandyk, der Leiter des Forscherteams aus Danbury, davon ausgeht, daß Melatonin in Zukunft zur Behandlung der sogenannten Hypercholesterinämie, also von erhöhten Cholesterinwerten im Blut, eingesetzt werden kann.
Mit der Senkung des Cholesteringehalts im Blut leistet Melatonin einen weiteren wichtigen Beitrag im Kampf gegen vorzeitiges Altern: Zuviel Cholesterin schädigt die Blutgefäße und bedingt somit ein erhöhtes Herzinfarktrisiko.

Herzinfarkte und ein Teil der Schlaganfälle werden durch Thrombosen in den Herzkranzgefäßen bzw. in den gehirnversorgenden Arterien verursacht. Melatonin kann das Risiko einer Thromboseentstehung reduzieren.

Schutz vor Thrombosen

Doch Melatonin kann noch mehr – es hat auch auf die Blutplättchen eine günstige Wirkung. Aufgabe der Blutplättchen ist es, bei Verletzungen der Blutgefäße die Wunde zu verkleben, damit der Mensch nicht verblutet. Doch in höherem Alter verkleben und verklumpen sich die Blutplättchen häufig ohne jeden Grund – so entstehen in den Gefäßen gefährliche Blutgerinnsel, sogenannte Thromben.
Der argentinische Melatoninexperte Dr. D.P. Cardinali von der Universität in Buenos Aires hat kürzlich beobachtet, daß Melatonin die Blutplättchen davon abhalten kann, sich so sinnlos zu verklumpen. Dadurch wird der Mensch vor den typischen Alterskrankheiten wie Thrombose, Embolie, Schlaganfall und Herzinfarkt geschützt.

Auch die Melatoninpause ist wichtig

Bei Tag ist dann Melatonin nicht mehr erforderlich. Ganz im Gegenteil: Jetzt, wenn der Mensch Leistung bringen muß, würde es ihn am klaren Denken hindern, den Verstand von

Runderneuerung im Schlaf

Bei Nacht, wenn wir schlafen, kämpft Melatonin in unserem Körper an den verschiedensten Fronten:

- **Es vernichtet schädliche freie Radikale.**
- **Es reduziert im Blut die Konzentration von Cholesterin und schützt auf diese Weise vor Arteriosklerose.**
- **Es verhindert die Entstehung von Blutgerinnseln und Thromben und schützt den Herzmuskel.**

Das Resultat dieser vielseitigen Tätigkeit ist ein morgens gut ausgeruhter, sozusagen rundum erneuerter Organismus, der den Aufgaben des kommenden Tages wohl gewachsen ist.

»Wachsein« auf »Schlaf« stellen und den Körper unnötig träge und müde machen. Deshalb setzt die Zirbeldrüse ihre wohlverdiente Pause ein, sobald es hell wird, um dann in der Nacht wieder mit voller Kraft loszulegen. Dieses geregelte Auf und Ab im Melatoningehalt scheint das eigentliche Geheimnis des körpereigenen Jungbrunnens zu sein.

Wenn der Herzinfarkt droht

Morgenstund' hat nicht nur Gold im Mund. Schwere körperliche Anstrengung gleich nach dem Aufstehen am Morgen ist nicht zu empfehlen: So mancher eifrige Jogger in den besten Jahren wurde frühmorgens direkt vom Trimm-dich-Pfad mit einem Herzinfarkt in die Klinik eingeliefert. Die Erklärung für diese merkwürdige Häufung von Infarkten: In der Nacht wird der Herzmuskel durch den hohen Melatoninspiegel wie durch ein wirksames Medikament geschützt. Wenn der Melatoninspiegel morgens nach dem Sonnenaufgang plötzlich abfällt, muß das Herz ohne diesen Schutz auskommen. Für Menschen, deren Herz oder Herzkranzgefäße bereits vorgeschädigt sind, kann das gefährlich werden.

Nach Sonnenaufgang fällt die Melatoninkonzentration im Blut stark ab. Menschen mit kranken Herzkranzgefäßen sind zu dieser Stunde infarktgefährdet – denn Melatonin schützt den Herzmuskel vor Überanstrengung.

Kalzium steuert die Herzmuskeltätigkeit

Die Kraft, mit der der Herzmuskel arbeitet, ist von Kalzium abhängig: Je mehr Kalzium sich im Inneren der Zellen des Herzmuskels befindet, umso kräftiger kann sich der Herzmuskel zusammenziehen. Bei der koronaren Herzkrankheit, der Angina pectoris, gilt es jedoch, das Herz vor zu großer Anstrengung zu bewahren. Bei größerer Anstrengung braucht es nämlich mehr Sauerstoff – doch gerade daran mangelt es bei dieser Krankheit, weil die Herzkranzgefäße verengt sind. Wenn der Herzmuskel nicht genügend Sauerstoff bekommt, stirbt er ab, der Herzinfarkt ist eingetreten.

Erst jetzt haben Hormonforscher entdeckt, daß Melatonin ein vielseitiges Mittel aus der Körperapotheke ist. Es fängt freie Radikale ein, senkt den Cholesterinspiegel, verhindert die Entstehung von Blutgerinnseln und schützt vor Herzinfarkt.

Das Herz – im Schongang bei Nacht …

Jetzt haben Ärzte festgestellt, daß Melatonin die Poren in der Wand der Herzmuskelzellen, durch die das Kalzium eintreten kann (die sogenannten Kalziumkanäle), kontrolliert. So kann nur eine begrenzte Menge von Kalzium in das Innere der Zellen gelangen. Dadurch wird der Herzmuskel wirksam vor Überanstrengung geschützt (auf einem ähnlichen Prinzip beruht die Wirkung bewährter Herzmedikamente – der sogenannten Kalziumantagonisten).
Dieser Schutz des Herzmuskels bei Nacht ist auch eine Art Energiesparmaßnahme: Während des Schlafes muß das Herz nicht so intensiv arbeiten wie am Tage, wenn der Mensch oft körperlich aktiv ist. Deshalb kann das Herz auf Schongang eingestellt werden, ohne daß es den Menschen in seiner Aktivität beeinträchtigt.

… und topfit bei Tag

Anders bei Tag, wenn der gesamte Organismus gefordert wird: Wer fit sein will, muß auch körperlichen Anstrengungen gewachsen sein. Dazu braucht der Mensch Muskelkraft und ein Herz, das den gesamten Organismus ausreichend mit frischem Blut versorgt, damit überall ausreichende Mengen von Sauerstoff und Nährstoffen zur Verfügung stehen. Das Herz muß jetzt größere Mengen von Blut durch die Blutgefäße pumpen, und dazu muß es mehr Kraft aufwenden. Die nächtliche Kontrolle, der von Melatonin gewährleistete Schongang, wäre jetzt für den Herzmuskel nur hinderlich. Deshalb ist es wichtig, daß bei Tag die Melatoninkonzentration abnimmt – denn jetzt heißt es wieder »freie Fahrt« für das Blut.
Lediglich bei Menschen, die herzkrank sind oder vorgeschädigte Herzkranzgefäße (Blutgefäße, die den Herzmuskel versorgen) haben, kann die plötzlich einsetzende morgendliche

Die beste Zeit für lockeres Joggen an der frischen Luft ist der spätere Vormittag. Dann hat sich Ihr Organismus bereits auf Tag und Wachsein umgestellt.

Umstellung auf eine geringe Melatoninkonzentration problematisch werden. Personen, die dieser Risikogruppe angehören, tun gut daran, sich am frühen Morgen zu schonen und sich körperlich nicht allzusehr anzustrengen – denn ihr Herz muß sich erst an die niedrigere Melatoninkonzentration bei Tag gewöhnen.

Der körpereigene Strahlenschutz

Heute ist es eine Selbstverständlichkeit, daß der Arzt bei Bedarf in das Innere seines Patienten schaut, als ob es sich um einen Menschen aus Glas handeln würde. Diesen Einblick in die verstecktesten Winkel unseres Körpers ermöglichen die Röntgenstrahlen. Sie haben die Medizin revolutioniert und den Fortschritt bei Diagnose und Therapie erst ermöglicht.

TIP

Joggen oder schwere körperliche Belastung frühmorgens sind für Personen mit kranken Herzkranzgefäßen nicht gesund. Warten Sie ein paar Stunden ab, bis sich Ihr Herz an die niedrige Melatoninkonzentration bei Tag gewöhnt hat.

Röntgenstrahlen – Risiken und Nebenwirkungen

Melatonin mindert die gefährlichen Nebenwirkungen bei der Röntgenbestrahlung. Möglicherweise ist es das Strahlenschutzmittel der Zukunft.

Leider haben Röntgenstrahlen auch ihren mittlerweile wohlbekannten und gefürchteten Pferdefuß: Sie können für lebende Zellen sehr gefährlich werden. Deshalb überlegt ein Arzt immer gründlich, ob eine Röntgenaufnahme wirklich erforderlich ist. Doch bei manchen Krankheitszuständen – stellen Sie sich bloß einen komplizierten Beinbruch vor – ist wiederholtes Röntgen einfach unumgänglich, und der Patient muß nun mal das Risiko auf sich nehmen, wenn er irgendwann wieder ohne Krücken laufen will.

Auch hier springt Melatonin helfend ein: Wissenschaftler der Texas-Universität in San Antonio haben entdeckt, daß das Hormon der Zirbeldrüse vor den heimtückischen Strahlen schützen kann.
Die Forscher inkubierten Leukozyten von Blutspendern mit Melatonin – zu deutsch: Sie fügten Reagenzgläsern, in denen sie weiße Blutkörperchen aufbewahrten, eine Melatoninlösung bei. Nach 20 Minuten bestrahlten sie die Blutkörperchen mit einer hohen Dosis radioaktiver Strahlen. Die

TIP
Halten Sie die Belastung durch Röntgenstrahlen so niedrig wie möglich. Legen Sie sich einen Röntgenpaß zu, um Buch über bereits gemachte Aufnahmen führen zu können.

Röntgen – sinnvoll eingesetzt

Die Röntgenuntersuchung ist bei vielen inneren Krankheiten und Verletzungen unumgänglich. Deshalb sollten Sie nicht darauf verzichten, wenn Ihr Arzt eine solche Diagnoseform für richtig hält.

Um die Strahlenbelastung aber so gering wie möglich zu halten, sollten Sie sich einen sogenannten Röntgenpaß zulegen. In ihm wird festgehalten, wann welcher Ihrer Körperteile bereits einmal geröntgt worden ist.

Bei nicht akuten Verletzungen kann Ihr Arzt dann eventuell auf alte Aufnahmen zurückgreifen, da im Röntgenpaß auch aufgeführt ist, wer diese Aufnahmen gemacht hat und wo er sie einsehen kann.

anschließende Untersuchung der Erbsubstanz in den Blutkörperchen ergab: Das Melatonin hat die Leukozyten vor den schädlichen Folgen der Bestrahlung wirksam geschützt.
Die Erkenntnis, daß Melatonin lebende Zellen vor Strahlenschäden schützt, könnte wichtige praktische Konsequenzen haben: Vielleicht werden Patienten in naher Zukunft vor jeder Röntgenuntersuchung eine Tablette oder Injektion mit Melatonin erhalten, damit ihr Körper vor den unerwünschten Folgen der Bestrahlung wirksam geschützt wird.

Mehr Schlagkraft gegen Krebs

In jüngster Zeit erregte ein Ärzteteam aus dem italienischen Monza in der Fachwelt Aufsehen: Professor Lissoni und seinen Mitarbeitern gelangen erstaunliche Erfolge bei der Behandlung Krebskranker mit Melatonin.

Körpereigene Krebsmittel

Seit einiger Zeit ist Krebsforschern bekannt, daß der Körper eines jeden Menschen eine Substanz produziert, die Tumorzellen vernichten kann – das sogenannte Interleukin 2. Leider besitzen Krebskranke nicht genug davon, um sich alleine gegen den Tumor zu wehren. Aber manche Krebsformen – vor allem bestimmte Formen von Nieren- und Hautkrebs – können geheilt werden, wenn dem Patienten zusätzlich Interleukin 2 gespritzt wird.
Die italienischen Ärzte versuchten nun, die Wirkung von Interleukin 2 durch zusätzliche Gaben von Melatonin zu verstärken, um auch Patienten mit anderen Krebsformen zu helfen. Bei einigen Patienten in weit fortgeschrittenem Stadium bildete sich daraufhin der Tumor deutlich meßbar zurück. Die so Behandelten hatten bessere Überlebenschancen und fühlten sich nach der Behandlung allgemein besser.

Melatonin kommt auch im Kampf gegen den Krebs zum Einsatz. Schädliche Nebenwirkungen anderer Behandlungsarten können durch das Hormon gemildert werden.

Auch in anderen Bereichen der Krebsbehandlung kann das Hormon der kleinen Zirbeldrüse eine große Hilfe sein: Wiederholt stellten Onkologen (Krebsforscher) fest, daß Melatonin die schädlichen Folgen der Chemotherapie mildern kann. Die bei Krebs hochwirksamen Medikamente schädigen meistens auch die Vorläuferzellen im Knochenmark, aus denen sich die Blutkörperchen entwickeln. Dadurch ist eine Obergrenze für die Dosis des Krebsmedikaments gegeben. Der Schweizer Onkologe Georges J.M. Maestroni meint, die schützende Wirkung von Melatonin sollte bei der Therapie von Krebskranken genutzt werden. Dann könnten Patienten eine höhere Dosis des Medikaments erhalten und Tumoren wirksamer bekämpft werden.

Melatonin – Krebsmittel der Zukunft?

Kombiniert mit anderen krebshemmenden Wirkstoffen kann Melatonin die Überlebenschancen von Patienten mit fortgeschrittenem Krebs sehr wahrscheinlich deutlich erhöhen.

Es ist anzunehmen, daß Melatonin künftig bei der Behandlung von Krebs eine bedeutende Rolle spielen wird. Bei der Behandlung hilft es nicht, einfach ein paar Melatonintabletten zu schlucken. Auch die Menge des Melatonins und der genaue Zeitpunkt sowie der Ort der Injektion sind für Erfolg oder Mißerfolg der Behandlung mitentscheidend.
Trotz der vielversprechenden Erfolge bei der Behandlung von Tumoren sollte kein Krebspatient versuchen, sich auf eigene Faust mit Melatonin zu behandeln. Krebs ist eine ernste Erkrankung. Die Entscheidung darüber, ob, zu welchem Zeitpunkt und wieviel Melatonin verabreicht werden soll, muß immer ein Arzt treffen. Die Forschungen über die Behandlungsmöglichkeiten von Krebs mit Melatonin müssen erst noch ausgedehnt und gesichert werden. Im Moment beschränken sich die Erkenntnisse noch vorwiegend auf Ergebnisse, die im Reagenzglas oder im Tierversuch erzielt wurden. Die Studien mit Menschen wurden bisher nur mit sehr wenigen Patienten durchgeführt. Also Vorsicht vor Euphorie! Allerdings läßt die Zukunft hoffen.

Melatonin – auf einen Blick

1

Melatonin ist ein Hormon, das in der Zirbeldrüse hergestellt wird. Der menschliche Organismus produziert davon etwa 30 Mikrogramm täglich.

2

Seine wichtigste Rolle im Körper spielt das Melatonin bei der Anpassung des Organismus auf den 24-Stunden-Rhythmus, wie er durch die natürliche Abfolge von Tag und Nacht vorgegeben ist.

Wichtig hierbei ist nicht so sehr das pure Vorhandensein von Melatonin im Blut, als vielmehr der Rhythmus, in dem es ausgeschüttet wird: Nachts produziert die Zirbeldrüse das Hormon, tagsüber wird es abgebaut.

Wenn dieser Rhythmus deutlich ausgeprägt ist, sind wir tagsüber fit und nachts so müde, daß wir zu erholsamem Schlaf finden.

3

Daneben hat Melatonin folgende gesundheitsfördernde und heilsame Wirkungen:

- Melatonin senkt den Cholesterinspiegel des Blutes.
- Melatonin ist eines der besten Mittel gegen die gefährlichen freien Radikale, die für die Schädigung des körpereigenen Gewebes verantwortlich sind – und damit für Gefäßkrankheiten, Alterserscheinungen und Krebs.
- Melatonin schützt vor Thrombosen, Embolien und Herzinfarkt, indem es die unkontrollierte Verklebung von Blutplättchen unterbindet.
- Melatonin schützt vor den gefährlichen Auswirkungen kurzwelliger (wie etwa Röntgen-) Strahlen.

4

Dennoch macht es keinen Sinn, einfach Melatoninpräparate zu schlucken.

Zum einen ist nicht die Menge, sondern nur der funktionierende Rhythmus gesund – und den stellt man hauptsächlich durch einen gesunden Lebenswandel sicher. Zum anderen sind die angebotenen Melatoninpillen nicht zugelassen – man weiß nicht das Geringste über ihre mögliche Gefährlichkeit.

Melatonin – das Wissenswerte in Kürze. Trotz aller Vorteile werden Sie sehen: Die Einnahme zusätzlichen Melatonins ist nicht der Weisheit letzter Schluß.

Bereits die ersten morgendlichen Sonnenstrahlen bremsen die Produktivität Ihrer Zirbeldrüse.

Jeder weiß, wie schwer es ist, bei Dunkelheit aus dem Bett zu kommen. Ist es dagegen hell, fällt das Aufstehen bedeutend leichter. Unsere innere Uhr ist dann auf Aktivität eingestellt.

Die Funktion von Melatonin im Körper

Die Tagesrhythmen unseres Körpers

Seine Hauptrolle spielt das Zirbeldrüsenhormon weder beim Schutz vor Krankheiten noch bei der Bewahrung der Jugend. Die eigentliche Aufgabe des Melatonins liegt ganz woanders – es reguliert den Ablauf unseres Lebens, vom ersten bis zum letzten Tag. Denn durch Melatonin erfährt der Körper von seiner inneren Uhr – der Zirbeldrüse –, wie spät es ist.

Vom Licht abhängig

Forschungen der letzten Jahre haben gezeigt: Ob und wieviel Melatonin produziert wird, hängt vor allem von den Lichtverhältnissen ab. Bei Dunkelheit stößt die Zirbeldrüse viel Melatonin aus; bei hellem Licht stellt sie ihre Tätigkeit ein. Zwischen der Netzhaut im Auge und der Zirbeldrüse gibt es eine Nervenverbindung, die Lichtsignale in die Drüse weiterleitet. Im Inneren der Zirbeldrüse befindet sich ein Enzym mit dem komplizierten Namen »Hydroxyindol-O-Methyltransferase«, das für die Herstellung von Melatonin unumgänglich ist. Dieses Enzym reagiert erstaunlich schnell auf Veränderungen der Lichtverhältnisse: Innerhalb weniger Minuten nach Einbruch der Dunkelheit steigert es seine Aktivität auf das 100fache, und binnen kürzester Zeit werden große Mengen von Melatonin ins Blut ausgeschüttet. Auch andersherum reagiert das Enzym prompt: Sobald die ersten

Sonnenstrahlen den anbrechenden Tag ankündigen, wird die Herstellung von Melatonin heruntergefahren. Nach einer halben Stunde ruht dann bereits die gesamte Produktion. Forscher haben beobachtet, daß das Ein- und Ausschalten des Enzyms unabhängig davon geschieht, ob wir wissen, daß es draußen hell oder dunkel ist. Auch wenn die Rolläden dicht geschlossen sind, erwachen wir morgens, sobald die Sonne scheint, oft ganz von alleine. Unser Körper reagiert hier auf winzigste Lichtunterschiede, die wir bewußt nicht mehr wahrnehmen. Das ist auch der Grund, warum wir im Sommer leicht und munter schon um vier Uhr morgens aus dem Bett steigen könnten, während es uns im Winter noch um sieben Uhr grausam vorkommt, das wärmende Bett zu verlassen und so richtig wach zu werden.

Das Geheimnis der inneren Uhr

Wie sehr die Rhythmen des täglichen Lebens von Melatonin abhängen, hat ein Tierexperiment gezeigt: Die Forscher hielten ein paar Ratten wochenlang im Dunkeln. Die Folge war, daß der gesamte Lebensrhythmus der Tiere durcheinandergeriet: Sie fraßen, tranken und schliefen zu völlig unkoordinierten Zeiten. Dann begannen die Forscher, den Ratten täglich zur gleichen Zeit Melatonin zu verabreichen. Flugs fanden die Tiere wieder zu ihrem normalen Lebensrhythmus zurück.

Zunächst waren auch die Experimentatoren überrascht. Da die Zirbeldrüse gerade im Dunkeln so fleißig arbeitet, müßten die Versuchsratten eigentlich große Mengen von Melatonin im Blut haben. Wieso half ihnen dann zusätzliches Melatonin?

Dann fanden die Forscher des Rätsels Lösung: Die täglichen Rhythmen – die sogenannten Biorhythmen – sind nicht allein von der tatsächlichen Melatoninkonzentration abhängig. Wichtiger ist vielmehr, daß der Melatoninspiegel regelmäßig

Im Tierexperiment hat sich gezeigt, daß regelmäßige Schwankungen des Melatoningehalts im Blut den Tag-Nacht-Rhythmus bestimmen. Fehlen diese Schwankungen, kommt es zu Schlafstörungen.

Die Melatoninproduktion folgt dem Wechsel von hell und dunkel in der Natur. Deswegen ist bei blinden Menschen der Melatoninhaushalt meist gestört.

und deutlich schwankt und dem Körper signalisiert, ob es Tag oder Nacht ist. Ist die Konzentration hoch, versteht das der Körper als Mitteilung: »Draußen ist es dunkel, geh schlafen!« Wenn die Melatoninkonzentration dann abnimmt und ihr Minimum erreicht, heißt das für das Gehirn soviel wie: »Aufstehen und munter werden – es ist Tag!«
Bei Menschen, die völlig erblindet sind und daher sozusagen ununterbrochen im Dunkeln leben, ist auch der Melatoninrhythmus meistens deutlich gestört. Die Folge davon ist, daß blinde Menschen häufig über Schlafstörungen klagen.

Heilsame Schwankungen

Mit den Schwankungen von Melatonin im Blut ändert sich nicht nur das Schlafbedürfnis. Ist Ihnen schon einmal aufgefallen, daß Ihre Körpertemperatur im Laufe des Tages schwankt? Sie ist in der ersten Morgendämmerung am niedrigsten und nachmittags gegen 17 Uhr am höchsten – das ist

Der Rhythmus ist entscheidend

Die Menge des Melatonins im Blut ist nicht allein entscheidend über Gesundheit und Fitneß. Den größten Einfluß auf das körperliche Wohlbefinden hat vermutlich der regelmäßige Rhythmus bei der Melatoninherstellung der Zirbeldrüse.

Für den Körper ist es wichtig, daß die Konzentration des Zirbeldrüsenhormons im Blut bei Nacht so hoch wie möglich ist, am Tage jedoch, wenn es draußen hell wird, einen Tiefpunkt erreicht. Deshalb ist es nicht sinnvoll, Melatonin in Pillen- oder Tablettenform zusätzlich einzunehmen. Die körpereigene Melatoninproduktion reicht bei einem gesunden Menschen völlig aus, um den Organismus fit zu halten – vorausgesetzt, die Nachtruhe wird eingehalten und die Zirbeldrüse wird auch anderweitig nicht in ihrer Tätigkeit beeinträchtigt.

der Zeitpunkt, zu dem bei Kranken das Fieber anzusteigen pflegt. Die regelmäßigen Schwankungen der Temperatur werden von Melatonin gesteuert: Je mehr Melatonin im Blut, um so tiefer die Körpertemperatur.

- Auch andere rhythmische Schwankungen der Körperfunktionen werden durch Melatonin vermittelt. So erreicht der Mensch bei Tage, wenn die Körpertemperatur am höchsten ist, auch intellektuell seine Topform. Nicht von ungefähr kommt die Redewendung, man könne sich für eine Sache »so richtig erwärmen«. Bei Nacht, wenn der Körper etwas abkühlt, ist es, als sei auch das Gehirn unterkühlt – die Gedanken kommen nicht so flott, und die geistige Leistungsfähigkeit erreicht ihren Tiefststand.
- Auch die Tätigkeit vieler Drüsen wird von Melatonin gesteuert – so z.B. die Produktion von Muttermilch. Junge Mütter kennen das: Bei Tag klappt's häufig nicht so recht mit dem Stillen, aber in der Nacht ist die Brust prall mit Milch gefüllt. Das ist dem Melatonin zu verdanken: Wenn zur späten nächtlichen Stunde seine Konzentration hoch ist, arbeitet die Hirnanhangsdrüse am fleißigsten und produziert jede Menge des für die Milchproduktion erforderlichen Hormons Prolaktin.

Melatonin reguliert nicht nur den Schlaf- und Wachrhythmus: Auch die Körpertemperatur, die intellektuelle Leistungsfähigkeit und die Funktion verschiedener anderer Drüsen werden von der regelmäßig auf- und abschwankenden Konzentration des Zirbeldrüsenhormons geregelt.

Der jahreszeitliche Biorhythmus

Jedes Frühjahr regt sich das Leben wieder

Aber nicht nur der Tages- und Nachtrhythmus wird von Melatonin diktiert – auch an den jahreszeitlichen Biorhythmen ist das Hormon der Zirbeldrüse maßgeblich beteiligt. Wenn der Winter beginnt und es draußen klirrend kalt wird, verstecken sich viele Tiere, die bei uns überwintern, in ihren Behausungen und versinken in den Winterschlaf. Ihre Körpertemperatur sinkt, ihr Stoffwechsel scheint stehen zu bleiben. Nur so können die Tiere den kalten Winter ohne Nahrungszufuhr überstehen. Erst wenn der Frühling naht, wachen die inzwischen abgemagerten Gesellen zu neuem Leben auf, sind putzmunter und hellwach. Diese energiesparenden Maßnahmen werden von Melatonin gesteuert: Denn wenn die Tage wieder länger werden, drosselt die Zirbeldrüse ihre Aktivität und die Melatoninkonzentration im Blut beginnt zu sinken. Das ist dann das Signal für das Frühlingserwachen.

Vom Winterschlaf zum Frühlingserwachen

Wenn Sie sich im Winter müde und antriebslos fühlen, ist das nicht ganz unnatürlich. Die durch die längeren Nächte höhere Melatoninproduktion ist dafür verantwortlich. Viele Tiere sind da vernünftiger als wir: Sie verschlafen die kalte Jahreszeit einfach.

Viele Menschen kennen das: Im Frühjahr, wenn es draußen wieder heller wird und die Sonne länger scheint, fühlt man sich gleich um Jahre jünger und energiegeladen wie lange nicht mehr. Mensch und Tier scheinen förmlich den Winterschlaf abzuschütteln – allgemeines Frühlingserwachen stellt sich ein. Es ist das deutliche Absinken der Melatoninkonzentration im Blut, das uns an den hellen Frühlingstagen wieder munter werden läßt.

Doch auch den Tieren, die nicht in den Winterschlaf versinken, hilft Melatonin, die unwirtliche Jahreszeit schadlos zu überstehen: Es reguliert die Funktion der Geschlechtsorgane und steuert die Produktion der Sexualhormone so, daß der Nachwuchs nicht mitten in der kältesten Jahreszeit zur Welt kommt – denn sonst würden die Jungen den Winter kaum überleben.

So haben z. B. Hamster im Winter deutlich geschrumpfte Hoden und sind in dieser Zeit unfruchtbar. Untersuchungen der Melatoninwerte im Blut der Hamster haben es bestätigt: Je mehr Melatonin im Blut war, um so kleiner waren die Hoden des Männchens.

Der Zeitpunkt der Brunst, der Paarungen, der Läufigkeit ist kein Zufall: Alles verläuft nach einem Rhythmus, der sich streng an der Länge des Tages orientiert. Unabhängig von

Im Frühjahr, wenn es draußen wieder heller wird, sinkt unsere Melatoninkonzentration im Blut. Deshalb werden wir wieder munterer, und viele von uns entwickeln richtige Frühlingsgefühle.

der Außentemperatur – die ja beachtlich schwanken kann – ist die Dauer des Tages bzw. der Nacht ein zuverlässiger Hinweis darauf, ob sich der Organismus auf den unwirtlichen Winter oder auf den warmen Sommer einstellen soll. Das besorgt die Zirbeldrüse mit ihrem Botenstoff – dem Melatonin.

Melatonin wirkt auf die Zeugungsfähigkeit

Wir Menschen sind nicht mehr so existentiell von der Witterung abhängig: Auch im härtesten Winter können wir unsere Kinder vor dem Erfrieren oder dem Verhungern beschützen. Deshalb ist es nicht mehr überlebenswichtig, daß die Babys nur in der warmen Jahreszeit zur Welt kommen. Doch ein Rest einer Abhängigkeit vom Wechsel der Jahreszeiten ist auch beim Menschen zurückgeblieben: Nicht zufällig wer-

Müdigkeit, längere Schlafphasen, weniger Lust auf Sex – auch uns Menschen ist ein Rest von Winterschlaf geblieben.

den immer noch die meisten Kinder im Frühjahr geboren. Die Zeugungsfähigkeit des Mannes und die Empfängnisbereitschaft der Frau werden durch die hohe Melatoninkonzentration im Winter gedämpft. Anders im Hochsommer: Kurze Nächte und wenig Melatonin sind gute Voraussetzungen für die Zeugung des Nachwuchses – der dann im Frühjahr das Licht der Welt erblickt.

Zwillinge – durch Melatoninmangel

In den Sommermonaten werden auch die meisten zweieiigen Zwillinge gezeugt. Die Erklärung: Der niedrige Melatoninspiegel im Blut empfängnisbereiter Frauen erleichtert das Heranreifen gleich mehrerer Eizellen. So ist die Wahrscheinlichkeit größer, daß bei der Zeugung gleichzeitig zwei – oder auch mehr – Eizellen befruchtet werden.

Viel Melatonin im Blut führt zu einer verminderten Zeugungs- und Empfängnisfähigkeit. Die Antibabypille aus Melatonin ist aber noch Illusion.

Die Antibabypille aus Melatonin?

Große Mengen von Melatonin – fünf Milligramm (das sind fünf Tausendstel eines Gramms) bis fünf Gramm – haben beim Menschen eine ähnliche Wirkung wie die winterlich hohen Melatoninwerte bei den Hamstern: Die Geschlechtsdrüsen reagieren auf diese Überdosis mit einer Art Winterschlaf. Sie produzieren weniger Sexualhormone und können sich, wie bei Hamstern, auch deutlich verkleinern.
Niederländische Pharmaproduzenten haben bereits erste klinische Studien mit Melatonin zur Schwangerschaftsverhütung eingeleitet und kündigen die baldige Einführung einer Melatonin-Antibabypille an: 75 Milligramm Melatonin täglich sollen eine unerwünschte Schwangerschaft zuverlässig verhindern. Nicht alle Forscher teilen diese Ansicht: Manche meinen, die Frau werde nach der Einnahme solch großer Melatoninmengen einfach zu müde, um an Sex zu denken. Die Frage der Verhütung erledige sich also von selbst...

Reaktion nicht nur auf Licht

Elekromagnetische Felder stören die Zirbeldrüse

Vermutlich hat die Zirbeldrüse auch weitere Aufgaben, von denen wir heute noch nichts ahnen. So hat sich z.B. herausgestellt, daß nicht nur das »normale« Licht, das wir mit bloßem Auge wahrnehmen können, die Melatoninproduktion beeinträchtigt: Auch elektromagnetische Felder haben die gleiche Wirkung.
Überall dort, wo die Zirbeldrüse von elektromagnetischen Feldern beeinflußt wird – also etwa im Spannungsfeld in der Nähe von Starkstromleitungen oder in unmittelbarer Nähe von Elektrogeräten, die in Betrieb sind – reagiert sie prompt und stellt die Produktion von Melatonin ein; auch wenn draußen tiefste Nacht herrscht.

UV- und elektromagnetische Strahlen beeinflussen die Zirbeldrüse in ihrer Aufgabe genauso wie das sichtbare Licht. Welche Folgen sich daraus ergeben, weiß man allerdings erst in Ansätzen.

Wirkung von UV-Strahlen

Welche Folgen das für unseren Organismus haben kann, weiß heute noch niemand so genau. Es ist allerdings erwiesen, daß Menschen, die ständig dem Einfluß von elektromagnetischen Feldern ausgesetzt sind, an Melatoninmangel leiden. Ärzte von der dermatologischen Abteilung des Kopenhagener Rigshospitalet berichteten kürzlich, daß auch die

Hochempfindliche Zirbeldrüse

- Es ist kein Wunder, daß ein so sensibles Organ wie die Zirbeldrüse, die feinste Unterschiede zwischen Tag und Nacht wahrnimmt, auch auf elektromagnetische Wellen und UV-Strahlen empfindlich reagiert.
- Mittlerweile gilt als sicher, daß elektromagnetische Felder und UV-Strahlen die Melatoninproduktion beeinflussen. Ob und wie die Zirbeldrüse durch radioaktive Strahlen gestört wird, ist noch nicht bekannt.

Einwirkung von UV–Strahlen die Konzentration des im Blut zirkulierenden Melatonins stark reduzieren kann. Vielleicht werden Wissenschaftler eines Tages feststellen, daß diese unauffällige Drüse wie ein körpereigenes Meßgerät auch Radioaktivität oder infrarote Strahlen erkennt und von ihnen beeinflußt wird.

Melatonin unterstützt das körpereigene Abwehrsystem im Kampf gegen Krankheitserreger. Noch stehen die Forschungen am Anfang – aber hier könnte sich ein medizinischer Anwendungsbereich des Hormons abzeichnen.

Schützenhilfe für das körpereigene Abwehrsystem

Thymus und Melatonin – ein starkes Bündnis

Israelische Immunologen berichteten im Herbst 1995 Spektakuläres: Melatonin hat Mäuse vor einer tödlichen Virusinfektion geschützt! Das Forscherteam um Dr. Ben-Nathan hatte zwei Gruppen von Mäusen mit einem hochgefährlichen tropischen Virus infiziert. Den Mäusen aus der ersten Gruppe wurde zwei Wochen lang Melatonin gespritzt (die Melatoninkur begann drei Tage vor der Infektion); die zweite Gruppe erhielt kein Melatonin. Das Resultat: Alle Mäuse der zweiten Gruppe starben an der Infektion; von den mit Melatonin behandelten Mäusen überlebten zwei Drittel die tödliche Krankheit.
Daß Melatonin das Immunsystem von Mensch und Tier stimulieren kann, ist bereits seit einigen Jahren bekannt. Doch darüber, wo es eigentlich eingreift und wie es wirkt, daran rätseln die Immunologen noch.
Fast täglich erscheinen in medizinischen und immunologischen Fachzeitschriften neue Berichte, die bestätigen: Ohne Melatonin wäre das Immunsystem regelrecht lahmgelegt. Die bisherigen Forschungsergebnisse weisen darauf hin, daß Melatonin eine übergeordnete Rolle im Immunsystem spielt – wie ein General, der über ein mächtiges Heer von Abwehrkräften befiehlt.

Unser Immunsystem

Das Immunsystem sorgt dafür, daß fremde, krankhafte und abgestorbene Zellen aus unserem Körper entfernt werden. Immunzellen haben verschiedene Aufgaben:

- **Sie erkennen Fremdkörper im Organismus**
- **Sie organisieren die Abwehr durch das Immunsystem**
- **Sie bilden Antikörper**
- **Sie archivieren Baupläne einmal als bedrohlich erkannter Eindringlinge**
- **Sie töten Krankheitskeime**
- **Sie beseitigen tote Zellen.**

Damit das Immunsystem leistungsfähig bleibt, ist es angewiesen auf:

- **Ausreichend Schlaf**
- **Gesunde Ernährung, vor allem mit vielen Vitaminen, Mineralstoffen und Spurenelementen.**

Mittlerweile weiß man, daß das Immunsystem in hohem Maß vom psychischen Befinden abhängig ist. Eine entspannte, positive Lebenseinstellung und die Vermeidung von Streß unterstützen die Körperabwehr.

Der Wahrheit ein Stückchen nähergekommen sind Dr. A.M. Poon und seine Mitarbeiter von der Hongkonger Universität. Sie stellten fest, daß Zentralorgane des Immunsystems – z. B. der Thymus (auch als Bries bekannt) und die Milz – an ihrer Oberfläche spezielle Andockstellen für Melatonin besitzen (in der Fachsprache werden solche Andockstellen als Rezeptoren bezeichnet). Zirkulieren im Blut ausreichende Mengen von Melatonin, so binden sich viele Melatoninmoleküle an die Rezeptoren und spornen die Immunorgane zu größerer Leistung an.

Fehlbesetzte Rezeptoren

Seither weiß man auch, warum Kortison – ein ansonsten hervorragendes Medikament – bei vielen chronischen Krankheiten, z.B. Arthritis, das körpereigene Abwehrsystem schwächt: Dr. Poon stellte fest, daß eine Behandlung mit Kortison die

Melatonin ist ein wichtiger Faktor für ein intaktes Immunsystem. Ist Ihr Schlaf-Wach-Rhythmus gestört, z.B. durch zuviel Streß und durchzechte Nächte, brauchen Sie sich nicht zu wundern, wenn Ihr Immunsystem schlapp macht.

Weniger Melatoninrezeptoren im Alter

Die Zahl der Melatoninrezeptoren nimmt mit zunehmendem Alter ab, wie die Forscher berichten, die die Andockstellen an den Immunorganen entdeckten. Das könnte eine Erklärung dafür sein, warum das Immunsystem bei älteren Menschen in der Regel nicht mehr so gut funktioniert wie in jungen Jahren.

Der Mangel an Melatonin in den ersten drei Lebensmonaten erklärt vieles, was für die erste Zeit des neuen Erdenbürgers so typisch ist – etwa die Schlafstörungen und das unreife Immunsystem.

Zahl der Melatoninrezeptoren im Thymus mindert. So können sich weniger Melatoninmoleküle anbinden, und das Immunsystem muß ohne zusätzlichen Ansporn auskommen.
Bei Nacht bildet sich viel Melatonin, das die zentralen Organe des Immunsystems über den Blutkreislauf erreicht und sie zu höherer Aktivität anspornt. Es werden viele weiße Blutkörperchen – die Soldaten der körpereigenen Abwehr – gebildet, die dann dem Körper zur Verfügung stehen – auch am Tag, wenn die Melatoninkonzentration wieder ihren Tiefpunkt erreicht hat. Wegen dieser Wirkung auf die wichtigsten Organe des Abwehrsystems warnen manche Ärzte davor, künstliches Melatonin unkontrolliert einzunehmen: Es könne nicht ausgeschlossen werden, daß dauerhaft erhöhte Konzentrationen des Zirbeldrüsenhormons zu Leukämie (eine Art Blutkrebs, bei dem sich insbesondere die weißen Blutkörperchen intensiv vermehren) führen können.

Melatoninkonzentration und Lebensalter

Junge Eltern kennen das: Sobald ihr Baby die ersten drei Monate gut überstanden hat, tritt eine spürbare Erleichterung für die ganze Familie ein: Das Kind schläft endlich die eine oder andere Nacht durch, es muß nicht mehr alle drei oder vier Stunden gefüttert werden, und die bei den Kleinsten so häufigen Bauchkrämpfe stellen sich immer seltener ein. Die erste, schwerste Zeit ist überstanden.

Die Kleinsten haben kein Melatonin

Diese wohltuende Wende ist zum größten Teil Melatonin zu verdanken: Im Alter von drei Monaten beginnt die Zirbeldrüse des Säuglings endlich, Melatonin herzustellen. Es ist kein Zufall, daß das Kind zum gleichen Zeitpunkt auch beginnt, eigene Abwehrstoffe zu bilden. Jetzt ist es nicht mehr so hilflos den allgegenwärtigen Krankheitskeimen ausgesetzt wie in den ersten Lebenswochen. Das Immunsystem des Babys ist nun schon soweit entwickelt, daß der Kinderarzt auch mit den Schutzimpfungen anfangen kann – wichtig insbesondere in Familien, in denen größere Geschwister leicht ansteckende Krankheiten – wie etwa Masern, Mumps oder Diphtherie – anschleppen könnten, die für ein Neugeborenes eine große Gefahr darstellen.

Melatonin – ab dem dritten Monat geht's aufwärts

Ab dem dritten Lebensmonat geht's dann bergauf mit der Produktion von Melatonin: Die Konzentration des Zirbeldrüsenhormons steigt im Blut kontinuierlich an. Kurz vor dem Eintritt in die Pubertät – etwa im Alter von 14 Jahren – wird der höchste Melatoninwert erreicht, den ein Mensch auf natürliche Weise überhaupt erreichen kann. Ab der Pubertät nimmt die Menge von Melatonin im Blut rapide ab. Das ist der Grund, warum viele Wissenschaftler meinen, daß die Zirbeldrüse den Eintritt in die Pubertät regelt.
Vieles scheint tatsächlich darauf hinzuweisen: So tritt bei den Mädchen die erste Regelblutung am häufigsten in den Sommermonaten ein, wenn die Nächte kurz sind und der Melatoninspiegel niedrig ist. Auch berichten Ärzte, daß bei jungen Menschen mit verspäteter Pubertät eine Behandlung mit Sexualhormonen nicht nur den körperlichen Reifeprozeß einleitet, sondern auch den Melatoninspiegel senkt. Ob das eine die Ursache des anderen ist, weiß man noch nicht.

Warum die Zirbeldrüse erst nach dem ersten Vierteljahr ihre Tätigkeit aufnimmt, weiß man heute noch nicht. Vielleicht ist sie einfach noch zu klein und zu unreif, denn sie wächst zu dieser Zeit selbst noch. Erst am Ende des ersten Lebensjahres erreicht die Zirbeldrüse ihre endgültige Größe.

Unverzichtbar – auch im Alter

Bis vor kurzem meinten viele Melatoninforscher, das Zirbeldrüsenhormon habe mit dem Eintritt in die Pubertät seine Aufgaben geleistet und sei fortan nicht mehr wichtig. Mittlerweile steht jedoch fest: Für den erwachsenen und auch für den alten Menschen ist und bleibt Melatonin unverzichtbar, wenn ein vorzeitiger Verschleiß von Körper und Geist verhindert werden soll.

Die besten Jahre

Alte Menschen haben nicht mehr viel Melatonin im Blut. Das ist einer der Gründe, warum Vitalität und Spannkraft nachlassen.

Lediglich aus der Sicht der Natur und zur Erhaltung der Spezies Mensch wäre Melatonin nach dem Eintritt in das mittlere Alter – die vielgepriesenen besten Jahre – nicht mehr erforderlich. Denn die Natur ist unerbittlich: Die ältere Generation hat den Platz freizumachen für die Jüngeren. Deshalb sind die Hauptwirkungen von Melatonin – das Abfangen von schädlichen freien Radikalen oder die Unterstützung des Immunsystems im Kampf gegen Krankheitserreger – nicht mehr so dringend gefragt.
Vielleicht nimmt die Konzentration von Melatonin mit steigendem Alter aus diesem Grund allmählich ab – und gleichzeitig stellt sich so manch unliebsame Erscheinung ein: Schlaflosigkeit tritt auf, die Anfälligkeit für Krankheiten wird größer, die übliche Vitalität läßt nach.

Im Alter Probleme mit der Nacht

Im Alter von etwa 60 Jahren hat dann die Menge des Melatonins, das mit dem Blutkreislauf durch die Gefäße zirkuliert, beträchtlich abgenommen: Nur noch die Hälfte des einstigen Melatoninreichtums ist geblieben. Und so melden sich denn auch die Folgen zu Wort, denen jeder Mensch so gerne entrinnen würde.

Gerade bei der älteren Generation treten Ein- und Durchschlafstörungen häufig auf. So manche durchwachte Nacht hat ihre Ursache in dem nicht mehr so ausgeprägten Wechsel zwischen hoher und niedriger Melatoninkonzentration im Blut.

Ein- und Durchschlafstörungen

Viele alte Menschen haben Schwierigkeiten, ein- oder durchzuschlafen. Nie ziehen sich Stunden so schleppend dahin wie in einer schlaflosen Nacht. Die Dunkelheit draußen und im Raum gewinnt häufig etwas Bedrohliches, und traurige Gedanken machen sich breit. Die unangenehmen Veränderungen sind Folge eines gestörten Melatoninrhythmus: Bei Dunkelheit bildet sich nicht mehr genug Melatonin, und der typische nächtliche Melatoningipfel bleibt aus.
Wenn sich solche Nächte häufen, ist es kein Wunder, daß der Mensch auch tagsüber, wenn die Sonne hell scheint und alles gut sein könnte, kaum Lebensfreude und Energie verspürt: Er ist einfach zu müde. Es ist der gestörte Melatoninhaushalt, der den Menschen im höheren Alter zu schaffen

Die verminderte Melatoninproduktion im Alter sorgt für weniger tiefen Schlaf. Deshalb sind alte Menschen tagsüber oft müde und abgespannt.

Die meisten typischen Alterskrankheiten verdanken wir der unseligen Tätigkeit der freien Radikale. Wenn dann gleichzeitig das Immunsystem des Menschen mit zunehmendem Alter seine einstige Schlagkraft einbüßt, ist die Gefahr der Entstehung von Krankheiten groß.

macht. Der in jungen Jahren so ausgeprägt hohe Melatoninspiegel bei Nacht flacht ab, und dem Körper fehlen die eindeutigen Signale der Zirbeldrüse, ob er nun schlafen oder wachen soll. Dabei geht es aber nicht einfach um die Menge des produzierten Melatonins: Entscheidend ist, daß die Spitzenwerte – nach oben und unten – fehlen, und der Körper somit seinen gewohnten Rhythmus nicht mehr erkennt.

Von Schlafstörungen bis Krebs

Doch nicht nur Schlafstörungen beeinträchtigen die Lebensqualität im höheren Alter: Krankheiten und Gebrechlichkeit kommen hinzu. Die meisten Alterskrankheiten sind Folge vorzeitigen Verschleißes: Im Herzen, in den Nieren und im Gehirn – überall geht gesundes Gewebe allmählich verloren und wird durch einfaches Bindegewebe ersetzt, das die ursprüngliche Funktion des Organs nicht leisten kann.
Das sind die Folgen des Gewebeverschleißes im Alter:

- Herzschwäche
- Eingeschränkte Nierentätigkeit
- Vergeßlichkeit
- Verkalkte Blutgefäße
- Herzinfarkt und Schlaganfall
- Krebsrisiko

Auch hier ist es der Mangel an Melatonin und am ehesten wohl der gestörte Melatoninrhythmus, der den Körper so anfällig macht. Die schädlichen freien Radikale werden nicht mehr konsequent abgefangen und unschädlich gemacht; sie können die Zellen und Organe immer ungehemmter attackieren. Gleichzeitig wird das Immunsystem schwächer, weil die Unterstützung durch Melatonin nachläßt. Die Konsequenz: Im höheren Alter können wir uns nicht mehr so gut wie früher gegen die Übermacht der freien Radikale wehren.

Die Melatoninpille – Rettung in der Not?

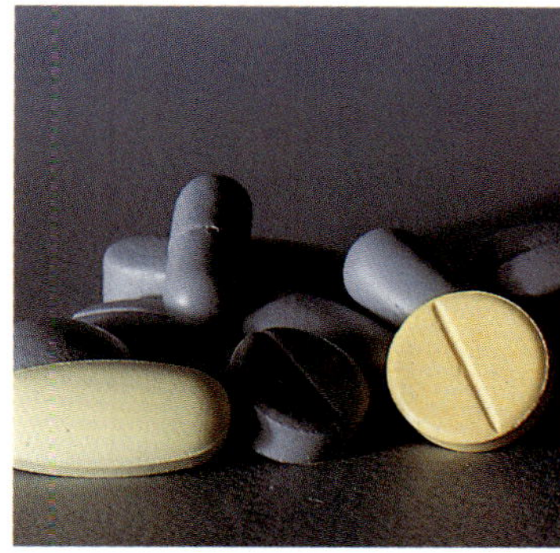

Melatonin ist kein Nahrungsergänzungsmittel, sondern ein Hormon, das den Organismus stark beeinflußt.

Unterstützung für die Zirbeldrüse

So gesehen ist die Strategie gegen vorzeitiges Altern klar vorgegeben: Wir müssen uns darum kümmern, daß die Zirbeldrüse bei Nacht ordentliche Mengen von Melatonin produziert – insbesondere dann, wenn wir nicht mehr zu den Teenagern zählen. Doch nicht Pillen und Tabletten sind der Garant für eine optimale Melatoninversorgung: Die möglichen Langzeitfolgen einer Dauerbehandlung mit Melatonin wurden bisher noch nicht erforscht – und die hohen Dosen des Hormons in den Fertigpräparaten haben überhaupt nichts Gemeinsames mit dem natürlichen Melatoninspiegel, den unser Körper gewohnt ist. Auch sind wir heute nicht in der Lage, abzuschätzen, wie wir mit Hilfe von Tabletten den optimalen Melatoninrhythmus nachahmen können. Ein gestörter Rhythmus in der Melatoninversorgung kann aber unter Umständen verheerendere Folgen haben als etwa der Mangel an Melatonin!

Auch wenn Melatonin noch so segensreiche Wirkungen entfaltet – die Einnahme synthetisch hergestellter Hormone kann nicht der Weisheit letzter Schluß sein.

Synthetisches Melatonin – nur in Ausnahmesituationen angebracht

Seit Melatonin nicht mehr, wie es einige Zeit der Fall war, in jeder Apotheke zu haben ist und selbst ein Rezept vom Arzt nichts hilft, machen Gerüchte die Runde, Melatonin sei eine gefährliche Droge, von der man die Finger lassen sollte.
Aber es ist falsch anzunehmen, Melatonin sei etwas Gefährliches. Der Grund, warum das Hormon derzeit in den meisten

Wegen vieler Nebenwirkungen und nicht abgeschlossener Forschungen sind Melatoninpräparate in allen deutschsprachigen Ländern verboten – und das mit gutem Grund. Seit der Contergan-Affäre ist man bei der Zulassung von neuen Arzneien wesentlich vorsichtiger geworden.

Bundesländern nicht verkauft werden darf, liegt ganz woanders: In letzter Zeit wurde wissenschaftlich nachgewiesen, daß Melatonin kein einfaches Nahrungsergänzungsmittel ist (wie z. B. frei verkäufliche Vitamine oder Spurenelemente), sondern ein hochpotenter Wirkstoff, dessen Auswirkungen auf den menschlichen Organismus bisher noch nicht restlos geklärt wurden. Ein Zuviel an Melatonin könnte – zumindest in besonderen Situationen – auch gefährlich werden. Daher wird es als Arzneimittel eingestuft werden.

Die Hauptgefahren von Melatonin:

- Neurologen haben berichtet, daß bei Epilepsiekranken während eines Anfalls die Konzentration von Melatonin im Blut erhöht ist.
- Andere Ärzte stellten fest, daß es manchen Patienten mit multipler Sklerose oder Parkinsonscher Krankheit besser geht, wenn bei ihnen die Melatoninproduktion künstlich unterdrückt wird – eine Melatoninzufuhr die Symptome also möglicherweise verstärkt.
- Manche Ärzte warnen sogar, Melatonin in großen Mengen könnte etwa Leukämie hervorrufen. Denn es regt die Bildung weißer Blutkörperchen stark an.

Unbekannte Nebenwirkungen

Bevor Melatoninpräparate wieder erhältlich sein werden, müssen klinische Studien durchgeführt werden. Es gilt, die Wirksamkeit von Melatonin zu prüfen und auch zu untersuchen, ob und für wen die Einnahme von Melatonin eventuell bedenkliche Folgen haben könnte. Erst dann kann Melatonin offiziell zugelassen werden.

Eine solche Sorgfalt der Gesundheitsbehörden ist durchaus angebracht. Wenn alle neuen Medikamente immer ausreichend geprüft worden wären, hätten Katastrophen wie die Contergan-Affäre verhindert werden können.

Wann ist Melatonin sinnvoll?

Eine vorübergehende, kurzfristige Einnahme von Melatoninpräparaten könnte jedoch in bestimmten Sondersituationen durchaus sinnvoll sein – z.B. bei Schlafstörungen, bei Menschen, die in Schichten arbeiten, bei Flugpersonal oder bei bestimmten Erkrankungen.

Hilfe bei Schlafstörungen

Am besten wurden bisher die Auswirkungen von Melatonin auf den Schlaf untersucht. Melatonin ist eine körpereigene Substanz und wird deshalb vom Körper besser vertragen als

Volkskrankheit Schlafstörungen

Kurzschläfer sind oft energische, tatkräftige Menschen, während Personen, die acht Stunden Schlaf brauchen, eher den sensiblen, kreativ-künstlerischen Typ verkörpern. Das Schlafbedürfnis ist also individuell verschieden; eine feste Regel für eine optimale Schlafdauer gibt es nicht. Wenn Sie öfter unerholt aufwachen, sollten Sie nach den Ursachen fragen.

Die häufigsten Ursachen sind:

- **Psychische Belastungen, Sorgen, finanzielle Ängste**
- **Wetterfühligkeit, wie etwa Überempfindlichkeit bei Vollmond oder Föhn**
- **Ein überlasteter Stoffwechsel, vor allem eine überlastete Leber (oft können Menschen nach exzessivem Alkoholgenuß nicht durchschlafen, weil die Leber überfordert ist)**

Zur Selbstbehandlung eignet sich am besten:

- **Das Erlernen einer Entspannungstechnik (z.B. autogenes Training, Yoga)**
- **Frischluftgymnastik oder ein kurzer Spaziergang vor dem Schlafengehen**
- **Das Schlafzimmer gut lüften, auf eine angenehme Temperatur bringen und gegen Licht und Lärm abschotten.**

Schlafstörungen sind in den meisten Fällen psychisch begründet und vorübergehend. Zum Arzt sollten Sie gehen, wenn sie länger anhalten, Selbsthilfemaßnahmen nichts fruchten oder Sie den Verdacht haben, daß eine organische Krankheit die Ursache sein könnte.

Menschen, die häufig von einem Ende der Welt zum anderen reisen, d.h. immer wieder Zeitzonen wechseln, leiden besonders häufig unter Schlafstörungen. Auch Personen, die in ständigem Wechsel zwischen Tag- und Nachtschicht arbeiten, bereitet das Schlafen sehr oft Probleme.

WICHTIG

Lassen Sie die Finger von allen Melatoninpräparaten, die Ihnen in Zeitungsannoncen angeboten werden. Diese Arzneimittel sind nicht geprüft und deshalb nicht zugelassen. Im günstigsten Fall dreht man Ihnen billige Vitaminpillen an.

andere, synthetische Schlafmittel. Patienten mit Schlafstörungen berichten, daß sie nach der Einnahme von Melatonin gut schlafen und am nächsten Morgen ausgeruht und hellwach sind.

Keine oder negative Wirkungen

Doch bei etwa zehn Prozent der Patienten brachte die Einnahme von Melatonin keine Besserung, und weitere zehn Prozent haben über unliebsame Nebenwirkungen dieser Behandlung geklagt: Sie schliefen zwar durch, wurden aber von Alpträumen geplagt und fühlten sich am nächsten Tag nicht ausgeruht. Auch über Kopfschmerzen und das Nachlassen des sexuellen Interesses klagten einige Menschen, die Melatonin eingenommen hatten, um besser schlafen zu können.

Ungesunde Schichtarbeit

Ein weiterer Personenkreis, der vermutlich von einer vorübergehenden Einnahme von Melatonin profitieren könnte, sind Menschen, die in Schichten arbeiten: Fabrikarbeiter, die rund um die Uhr an den Maschinen stehen, Fluglotsen, Piloten und Lokomotivführer, Fernfahrer, Ärzte, Kranken- und Pflegepersonal und Angehörige all der anderen Berufe, die hellwach sein müssen, wenn alle Welt ringsherum schläft. Menschen, die gewohnt sind, in Schichten zu arbeiten, haben einen Umgang mit dieser Arbeitsweise gefunden und schlafen tagsüber, um bei Nacht wach bleiben zu können.

Schlaf bei Tag

Doch in den meisten Fällen ist dieses Vor- oder Nachschlafen nichts weiter als eine Erste-Hilfe-Maßnahme. Erstens schlafen diese Menschen bei Tag selten einmal die optimalen sechs bis acht Stunden. Und selbst wenn – so richtig ausruhen und entspannen kann sich der Organismus auf diese Weise nicht. Auch das Wachbleiben bei Nacht gelingt trotz des Vorschlafens nicht immer: Die Zirbeldrüse hält sich an den gewohnten Rhythmus und funkt dazwischen.
Hier könnte die Einnahme von Melatonin durchaus hilfreich sein – und zwar stets am Tag, kurz vor dem Schlafengehen. Der amerikanische Experte Steven J. Bock empfiehlt, nach

Der biologische Tiefpunkt

Der normale Biorhythmus des Menschen erreicht in der Nacht – zwischen zwei und drei Uhr – seinen Tiefpunkt: Angeregt durch die Dunkelheit produziert die Zirbeldrüse jetzt mit voller Kraft Melatonin, das den Menschen so müde und schläfrig macht. Es kann mitunter gefährlich werden, wenn man zu diesem Zeitpunkt hellwach sein und sich konzentrieren muß!

Auch wem die Schichtarbeit subjektiv nichts ausmacht – der natürliche Tag-Nacht-Rhythmus wird durch die verschobenen Arbeits- und Ruhephasen gestört. Auf Dauer kann so etwas nur ungesund sein!

der Nachtschicht möglichst nicht erst das Tageslicht abzuwarten, ehe man ins Bett steigt – denn dann erhält die Zirbeldrüse das Signal, den Körper wachzurütteln, und der Mensch, obwohl todmüde, kann nicht einschlafen.

Ein neuer Rhythmus für die Zirbeldrüse

Um nach der Nachtschicht schnell einzuschlafen, könnte die Einnahme von zusätzlichem Melatonin eventuell sinnvoll sein.

Hilfreich wäre es, sich in dieser Situation auf kürzestem Wege zu Bett zu begeben und eventuell vorher Melatonin einzunehmen. Der hohe Melatoninspiegel im Blut täuscht dem Körper vor, daß die Nacht noch nicht vorüber ist, und der Mensch kann gut einschlafen – auch wenn es draußen mittlerweile hell wurde. In der darauffolgenden Nacht ist der Körper dann gut ausgeruht und bleibt auch leichter wach.
Wenn diese Behandlung ein paar Tage lang regelmäßig durchgeführt wird, stellt sich die Zirbeldrüse allmählich um und paßt sich dem neuen Rhythmus an. Selbstverständlich klappt das aber nur dann, wenn die Nachtarbeit über mehrere Tage durchgehend anhält. Ist dies nicht der Fall, beruft sich unser Körper auf den alten Status quo – er braucht einfach mehr Zeit zum Eingewöhnen, als der Dienstplan manchmal zur Verfügung stellt.

Fliegerkrankheit Jet-lag

Der sogenannte Jet-lag ist eine Befindlichkeitsstörung, die sicher nicht jedem bekannt ist: Sie bleibt den Menschen vorbehalten, die im Flugzeug innerhalb kurzer Zeit mehrere Zeitzonen überfliegen und in einem Land ankommen, in dem Tag ist, während daheim noch Nacht herrscht – oder umgekehrt. Verständlich, daß dann die Zirbeldrüse durcheinandergerät und verwirrte Signale an den Körper abgibt.
Der Reisende kommt tagelang nicht zur Ruhe: Mitten in der Nacht, wenn alles schläft, ist ihm nach Frühstück und Aktivität zumute, und wenn dann die Gastgeber einen fröhlichen

Jet-lag – medizinisch gesehen

Das sind die auffälligsten Symptome eines Jet-lag:
- Müdigkeit
- Lethargie
- Schlaflosigkeit
- Konzentrationsschwäche
- Reizbarkeit
- Verdauungsstörungen
- Appetitlosigkeit

Das können Sie tun:
- Reduzieren Sie einige Tage vor dem Abflug Ihren Kaffeekonsum. Das Koffein kann Ihren Körper zusätzlich zu der Zeitumstellung in Unruhe versetzen.
- Trinken Sie schon vor Ihrer Fernreise viel Flüssigkeit. Die klimatisierte Luft in Jets ist sehr trocken.
- Halten Sie sich mit dem Essen etwas zurück – vor allem im Flugzeug. Wenn Ihr Verdauungssystem belastet ist, kommen Sie mit der Zeitumstellung noch schlechter zurecht.
- Versuchen Sie, Ihrem Körper bei der Umgewöhnung zu helfen. Das heißt: kein Nickerchen zur Unzeit, auch wenn Sie noch so müde und erschlagen sind.

Ausflug planen oder eine hochinteressante Vortragsreihe auf einem Kongreß gehalten wird, kämpft der Reisende mit bleierner Müdigkeit. Oft hält diese Störung des Biorhythmus so lange an, bis der Betroffene wieder seine Heimreise antritt.

Die innere Uhr umstellen

Bei Jet-lag könnte Melatonin ein echter Helfer sein: Zum richtigen Zeitpunkt eingenommen, kann das Hormon die Auswirkungen der Zeitverschiebung verhindern. Der Fernreisende muß nicht leiden und kann jede Stunde des Aufenthaltes im fremden Land von Anfang an genießen.

Der Flugarzt der Lufthansa – Dr. Lutz Burgau – berichtet, daß der Medizinische Dienst der Lufthansa bereits vor einigen Jahren zusammen mit der Endokrinologischen Abteilung der Frankfurter Universitätsklinik eine Studie durchge-

Wer beim Fliegen mehrere Zeitzonen durchquert, hat sicher schon erlebt, wie der Körper unter der Umstellung auf den neuen Rhythmus leidet – möglicherweise ein Fall für zusätzliches Melatonin. Es gibt aber auch sanftere Mittel, um seine innere Uhr umzustellen.

führt hat, um den Nutzen von Melatoninpräparaten bei Flügen in andere Zeitzonen zu prüfen. Gegenwärtig seien in den USA und in Frankreich klinische Studien angelaufen, in denen die Wirkungen – und vor allem die Nebenwirkungen – von Melatonin getestet werden sollen. Es besteht daher die Hoffnung, daß in nicht allzu langer Zeit eine spezielle Jetlag-Pille zugelassen wird, die das Reisen in ferne Länder erleichtern kann.

Noch gibt es keine Jet-lag-Pille für Vielflieger. Die Forschungen laufen, aber die Nebenwirkungen sind noch nicht unter Kontrolle.

Einfach an der inneren Uhr drehen?

Der Rhythmus macht's

Es stimmt, daß die Zirbeldrüse eines 60jährigen weniger Melatonin produziert als etwa die eines 14jährigen. Doch wollen wir tatsächlich in die Haut eines Kindes schlüpfen? Melatonin bewirkt nicht nur Faltenlosigkeit, dichtes Haar und den strahlenden Blick des Kindes. Wir wissen, daß es z.B. auch die Geschlechtsreife und die Funktion der Geschlechtsdrüsen unterdrückt.

Wie zahlreiche Untersuchungen gezeigt haben, ist es nicht so sehr die Menge des Zirbeldrüsenhormons, die das reibungslose Funktionieren des Körpers sichern hilft. Der Organismus braucht seine innere Uhr – und die hört auf, richtig zu gehen, wenn der Melatoningehalt andauernd und einförmig hoch ist. Erst das natürliche Auf und Ab des Melatoninspiegels bringt den Menschen so richtig in Schwung: Bei Nacht ein Gipfel, bei Tag ein Tal; bei Dunkel ein Hoch und bei hellem Tageslicht möglichst kein Melatonin – das ist das Geheimnis des richtigen Umgangs mit dem Jungbrunnen. Diesen geregelten Rhythmus zu unterstützen haben Sie selbst in der Hand – ob Sie 20, 40, 60 oder 80 Jahre alt sind. Ein Blick in die Statistiken zeigt: Das Traumalter von 100 oder 115 Jahren ist auch ohne Hormonpillen erreichbar.

»Ewige Jugend durch Melatonin?« Bevor Sie sich von solchen Werbesprüchen blenden lassen, sollten Sie sich überlegen, ob so eine Vorstellung überhaupt reizvoll ist. Vielleicht erledigt sich dann das Problem von ganz alleine.

Die bisher längste zuverlässig nachgewiesene Lebensdauer hat laut Guinness Buch der Rekorde der Japaner Shigechiyo Izumi mit fast 121 Jahren errreicht. In den USA leben heute mehr als 61 000 Menschen, die ihren hundertsten Geburtstag bei bester körperlicher und geistiger Gesundheit gefeiert haben – und allein in Berlin lebten im Juni 1995 genau 334 über hundertjährige Bürgerinnen und Bürger!

Hundert Jahre alt – auch ohne Melatoninpillen

Diese Menschen haben es ohne die Melatoninpille geschafft. »Harte Arbeit, gutes Essen und fürsorgliche Eltern« seien der Grund für ihre Langlebigkeit, meinten die ältesten lebenden Zwillinge der Welt – die 103jährigen Alice Maria und Emily Edith Weller. Andere Hochbetagte halten das tägliche Gläschen Wein oder die regelmäßige Portion Schafsmilch, die Bergluft oder – im Gegenteil – die stimulierende Atmosphäre der Großstadt für den wichtigsten Faktor in ihrem langen Leben. Ein allgemein gültiges Rezept für Langlebigkeit scheint es demnach nicht zu geben.

Oder doch? Aus heutiger Sicht kennen wir eine Antwort: Die Menschen, die jung geblieben und alt geworden sind, haben vermutlich alle – ohne es zu wissen – ihren Melatoninhaushalt in Ordnung gehalten. Mag sein, daß ein Leben ohne Nachtschichten, Interkontinentalflüge und Radioaktivität dazu mit beigetragen hat – doch davon später.

Auch ohne extra Melatonin kann man hundert Jahre alt werden. Das Geheimnis der Rekordsenioren scheint immer ein geregelter Lebensablauf zu sein – keiner hat mutwillig an seiner inneren Uhr gedreht.

Warnung vor den Wunderpillen!

Weder in Deutschland noch in Österreich oder der Schweiz sind Melatonintabletten als Arzneimittel zugelassen. Die in Zeitungen angebotenen Präparate aus den USA sind von keiner Zulassungsstelle geprüft! Es besteht die Gefahr, daß man Ihnen billige Vitaminpillen unterjubelt – oder daß man Ihnen gar ein Mittel mit gesundheitsschädlichen Nebenwirkungen anbietet!

Die Zirbeldrüse kommt aus dem Takt, wenn – wie z.B. in Las Vegas – die Nacht zum Tag gemacht wird.

Wenn Sie Ihrer Zirbeldrüse die richtigen Voraussetzungen für eine optimale Hormonproduktion bieten, dann sind Ihnen Gesundheit und Vitalität sicher.

Jung und gesund – auch ohne Rezept

Nicht die Menge ist entscheidend

Wenn Sie nun der Ansicht sind, Sie wollten ab sofort in den Genuß der vielgepriesenen Wirkung von Melatonin gelangen – kein Problem! Dazu müssen Sie nicht in die Apotheke gehen, Sie brauchen auch keine Pillen zu schlucken. Denn es ist nicht so sehr die Gesamtmenge von Melatonin, die darüber entscheidet, ob der Mensch gesund und dynamisch ist und auch im Alter jugendlich bleibt oder ob er kränkelnd und müde herumhängt.

Vielmehr ist – das haben wir in den vorangegangenen Kapiteln erfahren – der Tag- und Nachtrhythmus wichtig, in dem unsere Zirbeldrüse Melatonin produziert. Diesen Rhythmus zu erhalten und kräftig zu unterstützen, haben Sie selbst in der Hand. Es reicht, ein paar einfache Regeln zu beachten. Es kostet kein Geld und erfordert in den meisten Fällen nicht einmal eine große Umstellung des Lebensstils.

Licht bei Tag und Dunkel bei Nacht

Die Zirbeldrüse ist eine echte Nachteule: Sie braucht Ruhe bei Tag, wenn sie ihre Tätigkeit vorübergehend einstellt. Nur dann legt sie bei Nacht richtig los und produziert reichliche Mengen von Melatonin. Wenn Sie sich ausreichend mit dem Hormon aus eigener Herstellung versorgen wollen, müssen Sie Ihrer Zirbeldrüse optimale Arbeitsbedingungen und ausreichende Pausen sichern. Auf einen Nenner gebracht heißt das: Licht bei Tag und Dunkel bei Nacht.

Nun meinen Sie vielleicht, das verstehe sich von selbst: Ohnehin wird es bei Tag hell und bei Nacht dunkel. Doch bei dem heute manchmal praktizierten Lebensstil bekommt die Zirbeldrüse von dem natürlichen Rhythmus von Tag und Nacht so gut wie nichts mit. Wer steht denn heute noch mit der Sonne auf und geht bei Sonnenuntergang zu Bett?

Der natürliche Lichtwechsel

Der Mensch von heute hat sich mehr und mehr von den naturgegebenen Verhältnissen entfernt. Da wird fröhlich der Tag zur Nacht gemacht und umgekehrt, und auch der Wechsel der Jahreszeiten wird völlig ignoriert. Einst war auch der Mensch Teil der Natur und lebte mit ihr im Einklang – zu seinem eigenen Wohl. Heute gibt es nur noch ganz wenige Naturvölker, die sich dem naturgegebenen Wechsel der Lebensbedingungen beugen.
In der freien Tierwelt herrscht noch der naturgegebene Rhythmus. Das Kommen und Gehen von Sommer und Winter nicht entsprechend zu beachten, kann das einzelne Individuum, aber auch die ganze Gruppe das Überleben kosten. Zugvögel unternehmen – gesteuert vom jahreszeitlichen Rhythmus – abenteuerlich lange Reisen in ferne Länder, um sich den natürlichen Verhältnissen anzupassen; andere Tiere verfallen im Winter in wochen- oder monatelangen Tiefschlaf; die Aufzucht der Nachkommen richtet sich streng nach den Jahreszeiten.

Ein gestörter Tag-Nacht-Rhythmus gehört in vielen Bereichen unserer modernen Gesellschaft einfach dazu. Damit wird das körpereigene Melatonin zur Wirkungslosigkeit verdammt.

Gestörte Verhältnisse

Der moderne Mensch der Industriegesellschaft versucht aber, die naturgegebenen Veränderungen der Lichtverhältnisse und die daraus resultierenden Schwankungen der körperlichen und geistigen Leistungsfähigkeit zu ignorieren. Jeder will auch im tiefsten Winter mit den längsten Nächten

Nur Nachteile durch Kunstlicht

1

Es reicht nicht, wenn Sie den Tag in einem hell erleuchteten Raum zubringen. Wie intensiv das Tageslicht gegenüber dem Kunstlicht ist, weiß jeder, der schon einmal versucht hat, mit einem normalen Tageslichtfilm im Innenraum ohne Blitzlicht ein Photo zu schießen.

Wenn Ihre Kamera einen eingebauten Lichtmesser hat, wird sie Ihnen signalisieren, daß es zu dunkel ist. Hat sie keinen Lichtmesser und Sie knipsen einfach, werden Sie später merken, daß auf dem Film so gut wie nichts zu sehen ist - es war einfach zu dunkel. Draußen können Sie dagegen auch an einem trüben Tag fotografieren.

2

Andererseits ist Kunstlicht stark genug, Ihre Zirbeldrüse bei der Arbeit nachhaltig zu stören. Auch wenn Sie die Nacht mittels Neon- oder Halogenbeleuchtung nicht zum Tag machen können – um Ihren Biorhythmus durcheinanderzubringen, reicht es allemal.
So können Sie bei Nacht Ihre Zirbeldrüse mit künstlichem Licht an der Melatoninproduktion hindern; andererseits wird Ihre Melatoninfabrik tagsüber ohne ausreichendes Tageslicht nicht arbeiten.
Das bedeutet: Wirklich gesund ist nur ein Lebensrhythmus, der auf Dunkelheit bei Nacht und natürlichem Licht bei Tag basiert.

Wenn es nachts hell ist, produziert Ihre Zirbeldrüse kein Melatonin. Genauso schädlich ist es, den ganzen Tag in Räumen mit Kunstlicht zuzubringen – hier ist es nicht hell genug, um einen gesunden Wechsel zwischen Ruhe- und Aktivphasen auszulösen.

die gleiche Leistung erbringen wie im Hochsommer mit seinen langen, hellen, warmen Tagen.
Kein Arbeitgeber dieser Welt kommt auf den Gedanken, seinen Mitarbeitern in der dunklen Jahreszeit zu gestatten, nach Lust und Laune auszuschlafen und nachmittags früher nach Hause zu gehen. In Büros, Fabriken, Schulen, Forschungsinstituten oder Dienstleistungsbetrieben wird mit Volldampf gearbeitet. Helle Beleuchtung und aufgedrehte Zentralheizung sollen naturgegebene Veränderungen ausgleichen, damit die »Maschine Mensch« möglichst gleichbleibend, reibungslos und konstant funktionieren kann.

Kein Wunder, daß die Zirbeldrüse, unsere innere Uhr, manchmal völlig durcheinandergerät und schließlich das erwünschte konstante Funktionieren aufkündigt.

Arbeiten bei Kunstlicht – Gift für die Zirbeldrüse

Mag bei Tag die Sonne draußen noch so schön scheinen – was hat die Zirbeldrüse davon, wenn Sie im Großraumbüro hinten, weit weg vom Fenster, an Ihrem Schreibtisch sitzen? Oder im fensterlosen Supermarkt am Verkaufspult stehen – ganz zu schweigen von den vielen Berufen, die den Menschen bei Tag ins Dunkle führen – wie etwa bei Bergarbeiten, U-Bahn-Fahrten, in Fotolabors und was es sonst noch an Tätigkeiten gibt, die eher für Maulwürfe geeignet wären? Die Zirbeldrüse erfährt so gut wie nichts davon, daß sie jetzt eine Pause einlegen soll – denn die Lichtimpulse, die sie erhält, sind zu schwach, um zu signalisieren, daß jetzt kein Melatonin erwünscht ist.

- Mit dem natürlichen Tageslicht kann es selbst die hellste Innenraumbeleuchtung nicht aufnehmen. Doch genau das Tageslicht ist es, was unsere Zirbeldrüse braucht, um sich für die Hormonproduktion in der kommenden Nacht zu rüsten.

TIP
Treiben Sie möglichst viel Sport im Freien – natürlich am besten bei Tageslicht. Sie steigern dadurch nicht nur Ihre körperliche Fitneß, sondern Sie unterstützen damit auch Ihre Zirbeldrüse.

Den Tag wieder zum Tag machen

Um zu sichern, daß Sie bei Nacht ausreichende Mengen von Melatonin von Ihrem hauseigenen Hersteller geliefert bekommen, müssen Sie deshalb den Tag Tag sein lassen. Zum Glück ist die Zirbeldrüse ein bescheidenes und recht dankbares Organ – sie besteht nicht darauf, daß Sie den gesamten Tag draußen im Freien zubringen und gibt sich schon mit wenig zufrieden. Auch eine oder zwei Stunden Aufenthalt im Freien – wenn möglich an der Sonne – reichen ihr aus. Noch

TIP
Gehen Sie tagsüber möglichst oft ins Freie oder wenigstens ans Licht, und sorgen Sie nachts für richtige Ruhe und Dunkelheit. Das ist das Beste, was Sie für Ihre Zirbeldrüse tun können.

schöner ist es natürlich, wenn Sie sich so richtig im hellen Tageslicht aalen – das ist der Grund, warum es den meisten Menschen im Sommer körperlich, aber auch seelisch besser geht.

So erhält Ihre Zirbeldrüse die nötige Portion Licht

- Verbringen Sie soviel Zeit, wie Sie irgend ermöglichen können, im Freien.
- Insbesondere in den Wintermonaten, wenn die Tage kurz sind, sollten Sie darauf bedacht sein, Tätigkeiten, die Sie nach draußen führen, lieber bei hellem Tag als am späten Nachmittag zu erledigen: Besorgen Sie z. B. Ihre Einkäufe am Vormittag oder in den Mittagsstunden.
- Wenn Sie berufstätig sind, gehen Sie in Ihrer Mittagspause lieber hinaus ins Freie; trinken Sie Ihren Kaffee oder lesen die Zeitung erst am Nachmittag, wenn es draußen wieder trüb und dunkel wird. Laufen Sie zu Fuß, anstatt ins Auto zu steigen, und wählen Sie auf der Straße die Sonnenseite – so können Sie ohne großen Aufwand ein paar Sonnenstrahlen einfangen.
- Wenn Sie viel an einem Bildschirmgerät arbeiten: Teilen Sie die Arbeit so ein, daß Sie am Computer sitzen, wenn es draußen ohnehin trüb und dunkel ist – z. B. morgens vor acht oder am späten Nachmittag. Während des hellen Tages sollten Sie andere Arbeiten erledigen – etwa Schreibkram oder Post sortieren. Das können Sie direkt am Fenster tun und dabei Tageslicht tanken.
- Seien Sie nicht zu bequem! Nutzen Sie selbst die kürzeste Pause, um ins Freie zu gehen. Falls Sie zu den Rauchern zählen – Sie tun nicht nur Ihren nichtrauchenden Mitmenschen einen Gefallen, wenn Sie es sich zur Gewohnheit machen, Ihre Zigarette auf dem Balkon oder vor der Türe zu rauchen! Auch Ihre Zirbeldrüse freut sich über die Weile im Freien.

- Wenn es sich einrichten läßt, verlegen Sie Ihren Arbeitsplatz direkt ans Fenster. Es lohnt, sich die Mühe zu machen und eventuell die Möbel in Küche oder Büro so umzustellen, daß beim Arbeiten Tageslicht auf Ihren Kopf fallen kann.
- Können Sie sich nicht dazu entschließen, Ihre Pause im Freien zuzubringen, weil es Ihnen im Winter draußen zu kalt ist? Auch kein großes Problem: Richten Sie sich einen netten Pausenplatz auf der Fensterbank ein. Holen Sie Ihre Tasse Kaffee oder das Pausenbrot ans Fenster, anstatt die halbe Stunde in der dämmrigen Ecke der Kantine zuzubringen.

Wenn Sie konsequent nach Licht suchen, werden Sie feststellen: Es gibt viele Möglichkeiten, am Tag so viel Licht wie möglich einzufangen – für Ihr persönliches Wohl.

Tageslicht ist einer der wichtigsten Faktoren für Ihren Melatoninhaushalt. Wenn es Ihnen im Winter draußen zu kalt ist, arbeiten Sie wenigstens in Fensternähe!

Ein Arbeitsplatz am Fenster verschafft Ihrer Zirbeldrüse schon eine ordentliche Menge Tageslicht, das sie für ihre Ruhephase braucht.

Die Nacht ist ganz allein zum Schlafen da

Schlechte Nachricht für alle Nachtschwärmer: Wer die Nacht zum Tag macht, sabotiert die Arbeit seiner Zirbeldrüse und bringt sich auf Dauer um Fitneß und Vitalität.

»Guten Abend, gute Nacht …« heißt es im alten Kinderlied. Es soll Zeiten gegeben haben, in denen die Menschen sich mit dem Einbruch der Nacht schlafen gelegt und bei Tagesanbruch aufgewacht sind, ganz im Einklang mit der Natur – zumindest, wenn sie sich ihren Lebensunterhalt auf redliche Weise verdient haben. Das ist lange her. Heute sieht es eher so aus: Hell erleuchtet sind am Abend Wohnungen und Arbeitsplätze, es wird getanzt, studiert, diskutiert, gearbeitet, ferngesehen – alles, bloß nicht geschlafen. Im Winter mögen die vielen Feste ja noch angezeigt sein: Da sind die Nächte lang, und die Zirbeldrüse hat genügend Zeit, ausreichende Mengen von Melatonin zu produzieren. Doch wir verlängern unsere Tage auch im Sommer, wenn die Nächte ohnehin kurz sind.

Zwar reicht das Licht in Innenräumen nicht aus, um Tageslicht zu ersetzen. Doch es ist allemal stark genug, um die Zirbeldrüse bei ihrer Arbeit nachhaltig zu stören – denn Melatonin produzieren kann sie nur, wenn es wirklich dunkel ist. Und das heißt nun mal: Bei Nacht Licht aus und ab ins Bett!

Elf Uhr nachts – die Zirbeldrüse auf Hochtouren

So richtig legt die Zirbeldrüse mit ihrer Tätigkeit erst gegen 23 Uhr los – dann entstehen im Körper die größten Mengen von Melatonin. Die alte Volksweisheit hat also ihren wahren Kern: Der beste Schlaf ist der Schlaf vor Mitternacht.

Nun gibt es Menschen, denen das rechtzeitige Zubettgehen schwerfällt: Sie kommen erst abends so richtig in Fahrt. Das sind die Partylöwen und die Leseratten, die bis spät in die Nacht putzmunter sind, ihre Mitmenschen durch angeregtes

Plaudern am Einschlafen hindern oder bis ins Morgengrauen in ihren Büchern schmökern. Auch Wissenschaftler, Künstler und Schriftsteller setzen sich oft mit Vorliebe bei Nacht an die Arbeit, weil es dann so schön ruhig um sie herum ist. Die Quittung erhalten diese Nachteulen gleich am nächsten Morgen: Sie sind müde, schlapp, unausgeschlafen, leiden häufig an Kopfschmerzen und Konzentrationsstörungen – auch dann, wenn sie ausschlafen konnten, also ihre Portion Schlaf erhalten haben.
Ursache ist mit aller Wahrscheinlichkeit nichts anderes als die gestörte Melatoninproduktion.

So fassen Sie wieder Tritt

Wenn auch Sie zu der Spezies Mensch zählen, die nachts nicht zur Ruhe kommt: Versuchen Sie, sich selbst umzuerziehen. Das geht nicht immer leicht, aber es gelingt – wenn Sie die beiden wichtigsten Regeln beachten:

1

Gehen Sie es allmählich an, und haben Sie Geduld mit sich selbst – Sie müssen nicht schon um 20 Uhr im Bett liegen.

2

Seien Sie aber konsequent – machen Sie es sich bitte zur Gewohnheit, täglich um 22 oder 23 Uhr zu Bett zu gehen, das Licht auszuknipsen und sich auf Schlaf einzustellen.

Mag sein, daß es Ihnen nicht auf Anhieb gelingt, einzuschlafen und daß Sie sich noch nach Mitternacht ärgerlich im Bett wälzen. Stehen Sie trotzdem früh am Morgen auf – bleiben Sie unnachgiebig mit sich selbst! Nach einigen Tagen werden Sie am Abend so müde sein, daß Ihnen das Einschlafen leicht fällt.

Wenn Sie nun eine Woche lang hart zu sich selber waren – tun Sie dann bitte nicht das Falsche, und belohnen Sie sich nicht mit einem Ausschlafwochenende! Sie würden Ihre arme Zirbeldrüse dadurch völlig verwirren und wieder aus dem Takt bringen.

Umerziehungsprogramm für Nachtmenschen: Leicht ist es nicht, aber mit etwas Disziplin kann sich jeder einen gesunden Lebensrhythmus angewöhnen.

Wochenendmigräne – eine Frage des Schlafes

Ein falsches Schlafverhalten führt nicht nur zu Müdigkeit, Unausgeglichenheit und schlechter Laune. Auch solch üble Folgen wie Kopfschmerzattacken können auftreten.

Wie wichtig ein geregelter Tag- und Nachtrhythmus ist, wissen viele Menschen, die an sogenannter Wochenendmigräne leiden, bestens aus eigener Erfahrung: Endlich ist der ersehnte Samstagabend da, man leistet sich einen ausgedehnten Abend in fröhlicher Runde oder sieht sich noch spät in der Nacht einen guten Fernsehfilm an, weil man ja am nächsten Morgen schön ausschlafen kann – und prompt kommt die Rechnung: Der Sonntagmorgen beginnt mit einer handfesten Migräne.
Mittlerweile scheint es erwiesen, daß es Störungen des Melatoninhaushalts sind, auf die die Migränepatienten mit solch quälenden Schmerzattacken reagieren. Viele Betroffene haben daraus die Konsequenzen gezogen und gelernt, wie sie die Wochenendmigräne vermeiden können. Wenn es auch noch so schwer fällt: Sie steigen auch nach einer langen Nacht am nächsten Morgen, wie gewohnt, zur frühen Stunde aus dem Bett. Dann sind sie am Tage zwar müde und recht unausgeschlafen, doch die Migräne bleibt aus.

Aufstehen – auch am Sonntag!

Wenn es Ihnen gar zu schwer fällt, selbst am Sonntag schon früh um sechs oder sieben Uhr aus den Federn zu kommen, hier einige Tips:

- Versuchen Sie, sich den frühen Sonntagmorgen zu versüßen. Stellen Sie schon am Vorabend ein verlockendes Frühstück bereit – das erleichtert Ihnen das Aufstehen. Vielleicht besorgen Sie sich eine Kaffeemaschine, die zur rechten Zeit alleine den Kaffee für Sie kocht. Drehen Sie das Radio an, essen Sie gemütlich, und lesen Sie in Ruhe Ihr Buch oder Ihre Zeitung.
- Noch besser: Gehen Sie auf den Balkon oder vor die Haustür und prüfen Sie eine Weile die Wetterlage.

- Halten Sie dann z.B. ein Schwätzchen mit Ihrer Nachbarin, oder sehen Sie nach, ob die Vögel am Futterhäuschen waren.
- Sie könnten auch Ihre Lieben überraschen und – zu Fuß natürlich – frische Brötchen vom Bäcker holen oder, so Sie einen haben, im Garten frische Beeren fürs Müsli sammeln. Der helle Tag wird Sie munter machen.
- Und wenn Sie danach immer noch die Sehnsucht nach dem kuscheligen, warmen Bett plagt: Legen Sie sich nach dem Frühstück und dem kurzen Aufenthalt draußen wieder hin. Vergessen Sie aber nicht, vorher die Rolläden hochzuziehen! Jetzt dürfen Sie gerne noch ein bißchen ausruhen: Ihre Zirbeldrüse hat bereits das Signal erhalten, daß die Nacht zu Ende ist.

Alles schläft, einsam wacht – Tips für Lokführer und Nachtschwestern

Wenn Sie zu den Menschen zählen, die in Schichten arbeiten müssen, ist guter Rat teuer. Denn diese Tätigkeit läßt sich nicht – oder zumindest sehr schwer – in Einklang mit einer geordneten Arbeitsweise Ihrer Zirbeldrüse bringen. Der Tag- und Nachtrhythmus der Melatoninproduktion gerät durcheinander, und die Folgen lassen nicht lange auf sich warten. Die Betroffenen leiden häufig nicht nur an Schlafstörungen, Kopfschmerzen und mangelnder Konzentrationsfähigkeit: Auch Infektionskrankheiten stellen sich häufiger ein, weil das körpereigene Abwehrsystem in hohem Maß von einem geregelten Melatoninhaushalt abhängig ist.

Wenn Sie nur ab und zu mal bei Nacht Dienst schieben müssen, ist das für Ihren Körper nur halb so schlimm: Finnische Forscher haben festgestellt, daß gesunde Menschen eine einzelne Nachtschicht meistens ohne nennenswerte Probleme wegstecken – die Zirbeldrüse läßt sich dadurch nicht gleich aus der Bahn werfen. Mehrere aufeinanderfolgende Nacht-

Wenn Sie zu den Menschen gehören, die nachts arbeiten müssen – auch keine Katastrophe. Es gibt einige Tricks, wie Sie Ihrer Zirbeldrüse etwas von ihrer Last abnehmen können.

schichten bereiten jedoch größere Schwierigkeiten: Insbesondere bei über 50jährigen ist dann der Rhythmus der Melatoninherstellung oft gestört.

Besser ein verschobener Rhythmus als gar keiner

Wichtig ist ein Rhythmus – und wenn es ein verschobener ist. Lange Phasen von Nachtarbeit sind besser als ein dauernder Wechsel.

Wenn Sie in Schichten arbeiten müssen und nicht mehr zu den Jüngsten zählen, haben Sie zwei Möglichkeiten, die gesundheitlichen Folgen in Grenzen zu halten:

- Es wäre für Sie am günstigsten, wenn Sie stets nur eine einzelne Nacht durcharbeiten und zwischen den Nachtschichten möglichst einige Wochen mit normalem Tag– und Nachtrhythmus einhalten könnten.
- Wenn das nicht möglich ist, sollten Sie genau umgekehrt vorgehen: Legen Sie möglichst viele aufeinanderfolgende Nachtschichten ein, und versuchen Sie, Ihre Zirbeldrüse auszutricksen, indem Sie ihr bei Tag vorgaukeln, es wäre Nacht – und umgekehrt.

So etwa machen es manche Nachtschwestern, die durch ihre engelhafte Geduld positiv auffallen. Freundlich, bestimmt und gewissenhaft übernehmen sie ihre Pflichten, vergessen nie, regelmäßig die Problemfälle zu beobachten, achten darauf, daß jeder Patient seine Nachtruhe findet. Noch um sechs Uhr morgens, bei der Dienstübergabe an die Tagesschwester, scheinen sie nicht die Spur müde zu sein.
Sie tun, was viele in Pflegeberufen Tätige tun: Sie entscheiden sich für einen geregelten Langzeitnachtdienst und ermöglichen dadurch ihrem Körper und ihrer Zirbeldrüse, sich dauerhaft auf die geänderten Verhältnisse umzustellen – gerade so, als würden sie am anderen Ende der Welt in einer völlig entgegengesetzten Zeitzone leben – z.B. auf Hawaii. Deshalb kennen solche Menschen oft auch kein Tief während ihrer nächtlichen Arbeit – und können den Schlaf bei Tag ohne große Schwierigkeiten nachholen.

Langzeitregelungen für Nachtschichtarbeiter

Für Menschen, die häufig und über längere Zeiträume hinweg in Nachtschichten arbeiten müssen, ist so eine Langzeitregelung am günstigsten.
Wenn auch Sie zu dem Personenkreis zählen, der wiederholt bei Nacht zur Arbeit muß, sollten Sie für einen ausgeglichenen Tag- und Nachtrhythmus sorgen, indem Sie den gleichen Ablauf Ihrer Schichtarbeit möglichst lange ohne Unterbrechung beibehalten.

Und so gehen Sie am besten vor, wenn Sie Ihre Zirbeldrüse umgewöhnen wollen:

- Bevor Sie zur Nachtschicht müssen, sollten Sie sich am Nachtmittag möglichst lange bei Tageslicht im Freien aufhalten. Ihre Zirbeldrüse geht dann davon aus, daß der Tag gerade erst angefangen hat.
- Arbeiten Sie bei Nacht in möglichst hell erleuchteten Räumen – das hilft Ihnen, wach zu bleiben.
- Wenn Sie dann von Ihrer Nachtschicht heimkehren: Versuchen Sie schlafen zu gehen, bevor es draußen hell wird. Dann merkt Ihre Zirbeldrüse nicht gleich, daß die Nacht vorüber ist.
- Schlafen Sie in einem gründlich abgedunkelten Zimmer, und versuchen Sie, sich vor den Geräuschen des Tages zu schützen, damit Sie die künstliche Nacht möglichst ungestört verlängern können.

Wenn Sie Ihre Nachtschichten mehrere Wochen oder Monate durchhalten, braucht sich Ihre Zirbeldrüse nur umzustellen, wenn's dann in den Urlaub geht. Und das ist doch auch ein schöner Anreiz.

Reisen in andere Zeitzonen

Eine schicke Uniform tragen, mit interessanten Menschen zusammen sein, jedesmal in einem anderen Land aus dem Großraumjet aussteigen, fremde Völker und Sitten kennenlernen und dabei auch noch gutes Geld verdienen: Was Wunder, daß der Beruf der Stewardeß oder des Flugbegleiters zu den absoluten Traumjobs zählt?

Doch die glänzende Medaille hat auch ihre Kehrseite – und die ist gar nicht beneidenswert:
Für Flugbegleiter – insbesondere auf den begehrten Interkontinentalflügen – gibt es kein Ausruhen. Zwar haben sie nach dem Flug meistens genügend Zeit, auszuschlafen – doch was nutzt die Zeit, wenn der Körper nach dem Durchqueren mehrerer Zeitzonen Probleme macht!

Fernreisen bringen die Zirbeldrüse aus dem Lot

Zeitumstellung bei Fernreisen? Kein Problem, wenn der Urlaub sechs Wochen dauert. Wer aber gleich wieder in die andere Richtung muß, für den wird es anstrengend.

Haben Sie schon einmal einen Flug über den »großen Teich« unternommen? Dann haben Sie sicher auch den sogenannten Jet-lag am eigenen Leib kennengelernt: Müdigkeit zur unpassendsten Zeit, Schlaflosigkeit, Kopfschmerzen. Ursache: Die Zirbeldrüse ist aus dem Lot geraten und versucht nun, ihre Tätigkeit neu einzupendeln und sich an den veränderten Tag- und Nachtrhythmus anpassen.
Wenn Sie ihr ein paar Tage Ruhe im fernen Land gönnen, haben Sie es dann meist geschafft: Der Jet-lag ist überwunden, und Sie können sich voll den Annehmlichkeiten Ihres Urlaubs oder den Pflichten auf Ihrer Dienstreise widmen.

Bei Stewards und Stewardessen hat die Zirbeldrüse keine Zeit, sich anzupassen: Kaum hat sie registriert, wie im Ankunftsland der Tag- und Nachtwechsel verläuft, und sich entsprechend angepaßt, geht es wieder zurück – und die innere Uhr muß alle Umstellungen wieder rückgängig machen. Aber ehe sie das geschafft hat, geht es wieder woanders hin, erneut in eine andere Zeitzone – diesmal vielleicht in die entgegengesetzte Richtung.
Was Wunder, wenn beim Flugpersonal die Biorhythmen nicht mehr geordnet ablaufen und der Melatoninhaushalt aus den Fugen gerät!
Das kleinste Problem ist für Stewardessen und Flugbegleiter das Einschlafen bei Tageslicht, wenn die anderen Familien-

mitglieder gerade ihren Tag beginnen. Daran haben sie sich schon längst gewöhnt – schließlich verlangt ein übermüdeter Körper irgendwann auch ohne Melatonin nach Schlaf.

Gefahr fürs Immunsystem

Doch der Melatoninmangel macht sich auf unterschiedliche Weise bemerkbar – am auffälligsten bei einem geschwächten Immunsystem. Flugbegleiter zählen zu den Berufsgruppen, die häufig an Infekten leiden. Trotz verschiedenster Schutzimpfungen – etwa gegen Influenza, Kinder- und Tropenkrankheiten – erkranken sie immer wieder an sogenannten banalen Infektionen: Entzündungen der Nebenhöhlen oder der Blase treten auf, oder es stellt sich eine ganz normale eitrige Angina ein.

Flüge richtig planen

Vielflieger bräuchten ein besonders starkes Immunsystem. Denn bei ihnen geht es nicht bloß um das Abwehren der kleinen Alltagsinfektionen. Menschen, die häufig hoch in den Lüften unterwegs sind, sind zusätzlich anderen Gefahren ausgesetzt: radioaktiven Strahlen, die einzelne Zellen im Körper schädigen können. Diese veränderten Zellen müssen vom Immunsystem vernichtet werden, bevor sie Unheil anrichten – etwa einen Tumor entstehen lassen.
Menschen, die häufig im Flugzeug mehrere Zeitzonen überqueren, sollten darauf achten, dem Melatoninmangel in ihrem Körper bewußt entgegenzuwirken. Das ist ohne Melatoninpräparate nicht ganz einfach. Am günstigsten wäre eine Änderung des Flugverhaltens.
Wenn Sie die Möglichkeit haben, den Ablauf Ihrer Fernflüge zu organisieren: Planen Sie die Reisen so, daß Sie zunächst möglichst wenige Zeitzonen durchqueren. Legen Sie, wenn möglich, ein paar Tage Aufenthalt am Zielort ein.

Durch die häufigen Zeitumstellungen sind viele Körperfunktionen betroffen. Am häufigsten leidet das fliegende Personal unter einem geschwächten Immunsystem und deshalb an einer hohen Infektanfälligkeit.

Ihre Zirbeldrüse gerät nicht vollends aus dem Takt, wenn Sie den Tag- und Nachtrhythmus täglich um zwei oder drei anstatt um zwölf Stunden verändern. Müssen Sie gleich mehrere Zeitzonen durchqueren, geben Sie Ihrer Zirbeldrüse die Gelegenheit, sich auf die neuen Verhältnisse einzustellen, und verweilen Sie am Zielort mindestens eine Woche.

Melatonin für Flugpersonal?

Noch ist sie eine Illusion, die Jet-lag-Pille, die alle Wirkungen der Zeitverschiebung mindert und keine Nebenwirkungen aufweist.

Schwieriger ist es für das Flugpersonal. Sie können ihre Routen meistens nicht ohne Rücksicht auf einen komplexen Flugplan wählen, und die Dauer des Aufenthaltes im angeflogenen Land ist in aller Regel viel zu kurz, als daß sich die Zirbeldrüse umstellen und wenigstens ein paar Tage richtig arbeiten könnte.

Melatonin als Jet-lag-Pille?

Für Flugpersonal könnte eine Versorgung mit zusätzlichem Melatonin sinnvoll sein. In einigen Ländern sind in der Zwischenzeit klinische Studien angelaufen, in denen die optimale Dosierung von Melatonin bei Vielfliegern getestet wird. Vielleicht wird bald eine klinisch geprüfte Jet-lag-Pille zugelassen werden. So ein Melatoninpräparat könnte dann eventuell auch für Schichtarbeiter hilfreich sein.

Aber: Solange es noch keine geprüfte und zugelassene Jet-lag-Pille gibt, sollten Sie keinesfalls versuchen, Melatonin auf eigene Faust einzunehmen.

»Melatonin ist ein echtes Hormon, wie beispielsweise das Östrogen in der Antibabypille oder das Kortison in Rheumamedikamenten«, warnt der Flugarzt der Lufthansa, Dr. Lutz Bergau. »Es würde niemandem in den Sinn kommen, diese beiden Hormone unkontrolliert zu sich nehmen zu wollen. Jede Einnahme bedeutet einen gravierenden Eingriff in die subtilen Steuerungsvorgänge unseres Hormonsystems!«

Die Folgen mindern

Wenn Sie häufig über mehrere Zeitzonen fliegen, wenn Sie in Schichten arbeiten oder wenn Sie aus einem anderen Grund meinen, daß Ihr Körper nicht ausreichend mit Melatonin versorgt ist: Bemühen Sie sich darum, Ihrem Körper auf andere Weise zu helfen, mit weniger Melatonin auszukommen:

- Schalten Sie Störfaktoren aus, die die Produktion von Melatonin beeinträchtigen.
- Versorgen Sie sich ausreichend mit zusätzlichen Radikalefängern.
- Meiden Sie Situationen, die die Entstehung freier Radikale fördern.
- Stärken Sie Ihr Immunsystem anderweitig.

Was Sie alles für Ihr Immunsystem tun können, lesen Sie ab Seite 87.

Zu den wichtigsten Unterstützungsmaßnahmen – bei Vielfliegern oder Schichtarbeitern – gehört die Versorgung des Körpers mit zusätzlichen Radikalefängern. Eine vitaminreiche Kost ist hier besonders notwendig!

Was die Melatoninproduktion stört

Weniger Melatonin im Alter?

Schon vor einiger Zeit haben Endokrinologen (Drüsenforscher) beobachtet, daß sich bei älteren Menschen in der Zirbeldrüse vermehrt Kalzium einlagert. Da bei älteren Personen in aller Regel weniger Melatonin im Blut zirkuliert als in jüngeren Jahren, lag die Vermutung nahe, daß diese Verkalkung der Zirbeldrüse schuld daran sei, daß weniger Melatonin produziert wird.

Doch in jüngster Zeit hat sich herausgestellt: Das im Gewebe der Zirbeldrüse eingelagerte Kalzium stört die Melatoninherstellung nicht. Immer häufiger melden sich Forscher zu Wort, die festgestellt haben: Der Melatoninmangel, der bei älteren Menschen beobachtet wird, ist oft nicht die Folge

Melatoninmangel im Alter kommt nicht unbedingt von einer faulen Zirbeldrüse. Oft sind die Lebensbedingungen daran schuld, daß das Hormon zwar hergestellt, im Körper aber zu schnell wieder abgebaut wird.

einer unzureichenden Melatoninproduktion – vielmehr wird bereits hergestelltes Melatonin vorzeitig abgebaut und aus dem Blutkreislauf entfernt. Mittlerweile sind zahlreiche Störfaktoren bekannt, die dazu führen, daß einmal hergestelltes Melatonin zu schnell wieder zerstört wird. So bewirken z.B. auch starke elektromagnetische Felder (der sogenannte Elektrosmog; dazu mehr ab Seite 65) ein rascheres Absinken der Melatoninkonzentration im Blut.
Was nützt es dann, wenn sich die Zirbeldrüse Nacht für Nacht abplagt und das Hormon herstellt, wenn es immer wieder zerstört wird, ehe es seine Aufgaben im Organismus erfüllen kann?

Lebensbedingungen – wichtiger als viel Melatonin

So gesehen, würde auch die zusätzliche Einnahme von Melatoninpräparaten kaum etwas gegen den Melatoninmangel ausrichten können:

- Wenn die Lebensbedingungen so ungünstig sind, würde auch das künstliche Melatonin womöglich gleich nach der Einnahme genauso schnell wieder abgebaut wie das körpereigene Hormon.
- Es kommt deshalb ganz besonders darauf an, zu verhindern, daß einmal vorhandenes Melatonin nicht verbraucht wird, ehe es seine vielfältigen Aufgaben im Körper wahrnehmen kann. Eine melatoninfreundliche Lebensweise ist allemal sinnvoller als tägliches Pillenschlucken.

Unterstützen Sie Ihre Zirbeldrüse

Sie können also auch ohne zusätzliche Melatoninpräparate die Versorgung Ihres Körpers mit Melatonin verbessern: Sichern Sie Ihrer Zirbeldrüse ideale Arbeitsbedingungen – und meiden Sie Situationen, in denen bereits gebildetes Melatonin unnötig zerstört wird.

Ein Picknick im Grünen mit viel frischem Obst und Gemüse macht Spaß und ist zusätzlich noch ideal für eine ausgewogene Melatoninproduktion.

Störfaktoren reduzieren

Wenn Sie konsequent alle bekannten Störfaktoren ausschalten oder auf das unumgängliche Minimum einschränken, kann der Nettogewinn an Melatonin eventuell sogar größer sein, als wenn Sie Melatonintabletten schlucken. Zusätzlich haben Sie den Vorteil, daß die natürliche Melatoninversorgung nebenwirkungsfrei, garantiert gut verträglich und immer richtig dosiert ist!

Wenn Sie die Störfaktoren der Melatoninproduktion ausschalten, kommt Ihr Körper recht gut mit der Menge zurecht, die Ihre Zirbeldrüse produziert – auch wenn Sie nicht mehr zu den Jüngsten zählen. Es ist ein Irrglaube, anzunehmen, mit mehr Melatonin im Körper könne man ungünstige Lebensbedingungen kompensieren. Ein Erwachsener braucht nicht soviel Melatonin wie ein Jugendlicher!

Besser als Melatoninpräparate mit unbekannten Nebenwirkungen zu schlucken ist es, die vollständige Verwertung des Hormons im Körper zu erleichtern.

Die wichtigsten Störfaktoren

Forscher haben inzwischen eine ganze Reihe von Störfaktoren dingfest gemacht, die dafür verantwortlich sein können, wenn es dem Menschen an Melatonin mangelt, d.h. daß Melatonin im Blut zu schnell abgebaut wird. Dazu zählen vor allem:

- **Elektrosmog**
- **Rauchen**
- **Hoher Alkoholkonsum**
- **Bestimmte Medikamente**
- **Zu kalorienreiche Ernährung**
- **Übermäßiges Sonnenbaden.**

Elektromagnetische Felder (der sogenannte Elektrosmog) und ultraviolette Strahlen können die Produktion von Melatonin deutlich meßbar beeinträchtigen. Wissenschaftler vermuten, daß die verschiedenen biologischen Auswirkungen dieser Strahlen darauf zurückzuführen sind.

Elektrosmog – eine neue Umweltbelastung

Sind Sie jünger als 55 Jahre? Dann ist es sehr wahrscheinlich, daß auch Sie zu jenem Personenkreis zählen, der von Geburt an sozusagen ständig unter Strom steht: Experten schätzen, daß in den Industrieländern jeder nach 1940 Geborene ununterbrochen einem mehr oder weniger starken elektromagnetischen Feld ausgesetzt ist – eine Erscheinung, die man als Elektrosmog bezeichnet.

Elektromagnetische Felder sind Strahlen, die von elektrischen Leitungen oder Elektrogeräten ausgehen. Physiker unterscheiden den »elektrischen« und den »magnetischen« Anteil. Der wichtigste praktische Unterschied zwischen diesen beiden Formen ist:

- Vor den elektrischen Feldern können Sie sich leicht schützen, denn schon ein dünnes Brett zwischen der Strahlenquelle und Ihnen schirmt die Strahlen ab.
- Die magnetischen Felder dringen dagegen überall durch – durch die Hauswand ebenso wie z.B. durch das Erdreich bei unterirdischen Leitungen.

Vor den magnetischen Strahlen gibt es nur einen Schutz: Gehen Sie auf Distanz zu ihnen – die Intensität elektromagnetischer Felder nimmt mit zunehmender Entfernung von der Strahlungsquelle rapide ab. Auf die Melatoninproduktion wirken sich beide Strahlenformen aus.

Noch ist kein Grenzwert festgelegt

Die Stärke der elektromagnetischen Felder wird in Maßeinheiten, den sogenannten Mikrotesla, gemessen (in manchen Ländern wird auch die Maßeinheit »Gaus« verwendet).

- In Deutschland wirken auf jeden Menschen etwa 0,05 Mikrotesla ein – das ist die sogenannte zivilisatorisch bedingte Grundbelastung aus all den Elektroleitungen, die um uns herum gespannt und gelegt sind.
- Wenn Sie sich allerdings ganz nahe an einer Stromleitung aufhalten oder wenn Sie ein Elektrogerät in Betrieb setzen, kann die Stärke des elektromagnetischen Feldes leicht um drei bis vier Größenordnungen in die Höhe schnellen.
- Stehen Sie z. B. 30 Zentimeter von Ihrem Elektroherd entfernt, so wirken schon ganze 20 Mikrotesla auf Sie ein.
- Wenn Sie morgens mit einem elektrischen Rasierapparat Ihrem Bartwuchs zu Leibe rücken, entsteht ein elektromagnetisches Feld von gut 1000 Mikrotesla!

Noch gibt es keine Grenzwerte, die die Belastung durch Elektrosmog begrenzen. Experimente haben aber gezeigt, daß schon die Benutzung einer Heizdecke die Melatoninproduktion stört.

Vorsicht vor Heizdecken

Untersuchungen haben mittlerweile gezeigt, daß auch ganz schwache elektromagnetische Felder die Melatoninkonzentration im Blut deutlich herabsetzen können.
Forscher haben festgestellt: Bereits bei 0,1 Mikrotesla sinkt die Melatoninkonzentration im Blut meßbar ab. So haben beispielsweise Menschen, die unter einer elektrischen Heizdecke schlafen, schon nach wenigen Tagen deutlich weniger Melatonin im Blut als früher – auch dann, wenn sonst alle Voraussetzungen für eine optimale Melatoninproduktion gegeben sind.

Keine gesetzlichen Regelungen

Heute ist es auch für Experten eine harte Nuß, festzulegen, wieviel Mikrotesla eigentlich erlaubt sein sollten und ab welcher Höhe man sich vor der Belastung schützen müßte.

- **Die Internationale Strahlenschutzkommission und die Weltgesundheitsorganisation (WHO) empfehlen 100 Mikrotesla als Grenzwert.**
- **Dagegen hat die DIN-Kommission, in der die deutsche Industrie vertreten ist, den Richtwert von 400 Mikrotesla festgesetzt.**
- **In Schweden empfiehlt das Zentralamt für Elektrosicherheit, Kindertagesstätten und Schulen nur dort zu bauen, wo die elektromagnetischen Felder nicht mehr als 0,2 bis 0,3 Mikrotesla betragen. In Deutschland gibt es bislang keine vergleichbaren Regelungen.**

Leukämie, Hirntumore und Depressionen: Die Liste der möglichen Folgen von Elektrosmog ist lang.

Physiker, Ärzte und Biologen diskutieren gegenwärtig intensiv über die Auswirkung des sogenannten Elektrosmogs auf den menschlichen Organismus. Es häufen sich nämlich Hinweise darauf, daß Personen, die andauernd der Auswirkung elektromagnetischer Felder ausgesetzt sind, möglicherweise gefährdet sind.

Krebs durch Elektrosmog?

Wiederholt haben Wissenschaftler festgestellt, daß bei Kindern, die in direkter Nähe von Hochspannungsleitungen leben, das Leukämierisiko deutlich erhöht ist. Auch Hirntumore und Brustkrebs (bei Männern!) treten vermutlich häufiger bei Menschen auf, die den größten Teil ihres Lebens in starken elektromagnetischen Feldern zubringen.

- Einige Untersuchungen lassen darüber hinaus den Schluß zu, daß Menschen, die im Bereich starker elektromagnetischer Felder wohnen, häufiger an Depressionen leiden.

- Trotzdem ist derzeit eine klare Aussage über die Art und Weise, wie die elektromagnetischen Felder auf den Menschen einwirken, nicht möglich. So sind beispielsweise Fahrer von S- und U-Bahnen regelmäßig starken elektromagnetischen Feldern ausgesetzt: Beim Anfahren steigt die Intensität des elektromagnetischen Feldes vorübergehend auf ein Mehrfaches der normalen Belastung an. Trotzdem wurde bisher bei dieser Berufsgruppe über keine Auffälligkeiten und auch über kein erhöhtes Krebsrisiko berichtet.

Bei Menschen, die regelmäßig im Bereich elektromagnetischer Felder schlafen, kann sich leicht ein ausgeprägter Melatoninmangel einstellen, der unter anderem auch zu einem erhöhten Krebsrisiko führen könnte. Dagegen wäre eventuell denkbar, daß elektromagnetische Felder auf den Menschen keine schädlichen Auswirkungen haben, wenn sie nur bei Tag auf die Zirbeldrüse einwirken – dann nämlich, wenn diese Pause hat und sowieso kein Melatonin produziert.

Achten Sie darauf, daß Sie sich insbesondere während Ihrer Nachtruhe vor den Auswirkungen von Elektrosmog schützen. Schalten Sie bei Nacht alle Elektrogeräte aus, die nicht unbedingt in Betrieb bleiben müssen.

- Das bezieht sich auch auf die Stand-by-Schaltung Ihres Radios oder Videorekorders. Wenn Sie das Gerät nicht hören, heißt das noch lange nicht, daß es nicht in Betrieb ist. Die Belastung für Sie kann im Stand-by-Betrieb genauso hoch sein, wie wenn aus dem Gerät laute Musik schallt.
- Elektrisch betriebene Radiowecker sind ebenfalls nicht zu empfehlen – zumindest sollten Sie sie nicht unmittelbar neben Ihrem Kopf aufstellen. Überlegen Sie, ob Sie nicht lieber einem klassischen mechanischen Wecker den Vorzug geben.

TIP

Viel weiß man noch nicht über die Auswirkungen des Elektrosmogs. Sicher ist aber, daß er nachts die Produktion von Melatonin hemmt. Sie sollten sich deshalb vor allem die Umgebung Ihres Bettes einmal genauer ansehen.

Sie können einiges tun, um die Quellen von Elektrosmog wenigstens in Ihrer Wohnung zu mindern. Denken Sie dabei vor allem an Ihre Kinder – die sind wahrscheinlich am empfindlichsten.

So weichen Sie dem Elektrosmog aus

1

Machen Sie es sich zur Gewohnheit, bevor Sie schlafen gehen, alle Lichter in der Wohnung oder im Haus abzuschalten. Das gilt auch für die Dimmerschalter, und zwar auch dann, wenn sie auf der schwächsten Stufe eingeschaltet sind. Denn selbst wenn die Lichtintensität gering ist, erzeugt der Trafo im Innern des Reglers noch ein relativ starkes elektromagnetisches Feld.

2

Wenn Sie ein Kleinkind haben, so haben Sie sicher auch die Vorteile eines Babyphons schätzen gelernt: Sie können jederzeit im Wohnzimmer oder in der Küche hören, ob das Kleine im Kinderzimmer ruhig schläft oder ob es wach ist und weint.

Doch lassen Sie auch hier Vorsicht walten: Legen Sie das Babyphon niemals direkt an das Bettchen in unmittelbare Nähe des Kindes. Aus einer Entfernung von drei bis vier Metern können Sie die Geräusche ebenfalls hören, und die Belastung Ihres Kindes durch den Elektrosmog ist in dieser Entfernung schon auf einen Bruchteil gesunken.

3

Prüfen Sie in Ihrem Schlafzimmer, ob Ihr Bett (oder die Betten Ihrer Kinder) nicht in direkter Nähe einer elektrischen Leitung stehen! Das magnetische Feld dringt durch die Wand – und zwar immer dann, wenn ein Elektrogerät im entsprechenden Stromkreis eingeschaltet ist. Stellen Sie deshalb die Betten so weit wie möglich von den Stromleitungen auf! An der gegenüberliegenden Wand ist die Stärke des einwirkenden Elektrosmogs bereits deutlich abgesunken.

4

Vielleicht wissen Sie nicht, wo in Ihrem Haus die elektrischen Leitungen angebracht sind. Es kostet nicht die Welt, einen Elektriker zu rufen. Der kann ohne großen Aufwand die von elektromagnetischen Feldern am stärksten belasteten Stellen finden. Dieser Aufwand steht in keinem Verhältnis zum Wert Ihrer Gesundheit.

Gefahr durch elekrische Leitungen

Auch von draußen können elektromagnetische Felder Ihre Wohnung belasten – z. B. aus Transformatoren, die häufig nahe an Hauswänden angebracht sind. Die magnetischen Strahlen, die von den Transformatoren ausgehen, dringen leicht in Ihr Haus ein. Sie sollten deshalb vermeiden, das angrenzende Zimmer als Schlafzimmer zu verwenden. Denn daran sollten Sie immer denken: Insbesondere bei Nacht sind die Folgen von Elektrosmog am stärksten!
Hochspannungsleitungen können ebenfalls Ursache einer erhöhten Belastung durch Elektrosmog in den eigenen vier Wänden sein. Wohnhäuser sollten deshalb nicht in direkter Nähe solcher Leitungen gebaut werden. Wenn Sie in der Nähe einer Hochspannungsleitung wohnen, lassen Sie vorsorglich die Belastung von einem Fachmann messen.

Das Handy – gefährliches Statussymbol

In jüngster Zeit wird viel über Nutzen und Risiken bei der Anwendung von Mobiltelephonen, den sogenannten Handys, diskutiert. Zu Recht – denn mehrere Untersuchungen haben den Verdacht erhärtet, daß Benutzer der statusträchtigen Telekommunikationsmittel ein erhöhtes Risiko haben, an bestimmten Krebsformen (vor allem an Leukämie und Hirntumoren) zu erkranken. Bis heute gibt es in diesem Zusammenhang jedoch mehr offene Fragen als zufriedenstellende Antworten.
Vorsichtshalber sollten Sie nicht tagaus, tagein mit Ihrem Handy in der Handtasche herumlaufen. Nutzen Sie das Mobiltelephon nur dann, wenn es wirklich notwendig ist. Und überlegen Sie, ob es tatsächlich unumgänglich ist, daß Sie rund um die Uhr telephonisch erreichbar sind. Vor allem in den Abendstunden und nachts heißt das, daß Sie Ihre Zirbeldrüse bei der Melatoninproduktion empfindlich stören!

Die Tätigkeit der Zirbeldrüse kann auch durch die Einnahme bestimmter Medikamente nachteilig beeinflußt werden. Insbesondere sogenannte Betablocker – Medikamente, die häufig zur Behandlung von Bluthochdruck eingesetzt werden – können die Melatoninkonzentration im Blut stark senken.

TIP

Vielleicht kann Ihnen Ihr Arzt ein Medikament verordnen, das die gleiche Wirkung auf Ihre Grunderkrankung hat, aber den Melatoninhaushalt nicht beeinflußt. Unterbrechen Sie aber keinesfalls eigenmächtig die Behandlung mit dem Betablocker – das könnte für Sie akut gefährlich werden!

Die Vitamine, Mineralien und Spurenelemente in Obst und Gemüse unterstützen Ihre Zirbeldrüse bei der Melatoninproduktion.

Die richtige Ernährung

So halten Sie Ihren Melatoninhaushalt im Gleichgewicht

»Wir lebten monatelang nur von einer kleinen Schüssel Magermilch, die uns die Bäuerin immer am Abend schenkte. Einmal in der Woche legte sie auch ein Klümpchen Butter hinein. Ich habe manchmal vor Hunger Gras gegessen. Davon wurde mir dann übel.«

Ist es Ihnen auch schon mal aufgefallen? Viele Menschen, die von den harten Kriegsjahren erzählen, erfreuen sich heute ausgesprochener Vitalität und beneidenswerter Gesundheit. Erstaunlich, wie gut solche Menschen manchmal drauf sind – die mageren Jahre haben ihnen augenscheinlich auf Dauer nichts anhaben können.

Mäßigung und Enthaltsamkeit verhelfen zu hohem Lebensalter – diese Erkenntnis ist nicht neu. Erst seit kurzem weiß man aber, daß durch Fasten die Melatoninproduktion angeregt wird.

Fasten bis zur Schmerzgrenze

Daß Mäßigung und Enthaltsamkeit zur Erhaltung oder Wiederherstellung der Gesundheit beitragen können, ist keine neue Erkenntnis. Nicht aus purem Zufall sind geregelte Fastenzeiten wichtiges Bestandteil fast jeder Religion oder Weltanschauung. Ernährungswissenschaftler können es bestätigen: Zeitweiliges Fasten, vorübergehend auch an der Minimalgrenze, hilft, Körper und Seele gesund zu halten.

Vorübergehendes Fasten eignet sich gut zur Entgiftung des Körpers von Chemikalien und schädlichen freien Radikalen. Auch das körpereigene Abwehrsystem kommt durch ein vernünftig durchgeführtes, kurzzeitiges Fasten wieder so richtig

in Schwung. Die wissenschaftliche Erklärung für diese alte Weisheit wurde erst vor kurzer Zeit gefunden: Je weniger Kalorien dem Körper zugeführt werden, um so mehr Melatonin wird im Körper hergestellt – und das regt eben die körpereigenen Abwehrkräfte an.
Der durch eine zu reichliche Kalorienzufuhr gestörte Melatoninhaushalt ist vermutlich auch der Hauptgrund, warum in der Wohlstandsgesellschaft so viele Menschen an sogenannten Zivilisationskrankheiten leiden. Zusätzlich wird bei der heutigen Lebensweise auch noch die Tätigkeit der Zirbeldrüse durch die zahlreichen anderen Störfaktoren – z.B. den Elektrosmog, die Lebensgewohnheiten, Medikamente und vieles andere – beeinträchtigt. Herzkrankheiten und Krebs sind dann oft bloß die Folge des andauernden Melatoninmangels.

Eine kalorienbewußte Ernährung stellt die Versorgung mit körpereigenem Melatonin schon fast alleine sicher. Sie müssen also weder hungern noch zusätzliche Pillen schlucken.

Übergewicht und Melatonin

Nun müssen Sie selbstverständlich nicht hungern, wenn Sie Ihre körpereigene Melatoninproduktion unterstützen wollen. Sie können im Gegenteil mit richtiger Ernährung so manches an der Zirbeldrüse begangenes Unrecht wiedergutmachen. Achten Sie darauf, daß Sie nicht allzuviele Kalorien zu sich nehmen. Ganz nebenbei verhilft Ihnen dies auch zu einem gesunden Körpergewicht.
Wichtig ist, daß Sie es sich zur Gewohnheit machen, die Nahrungsmittel nach ihrem Kaloriengehalt zu beurteilen. Sorgen Sie bei der Auswahl Ihrer Lebensmittel dafür, daß der Anteil kalorienarmer Nahrungsmittel höher ist als der Anteil kalorienreicher Speisen. Dann haben Sie bereits einen guten Beitrag für Ihre körpereigene Melatoninproduktion geleistet.
Wenn Sie Ihren täglichen Speisezettel zusammenstellen, kann Ihnen eine einfache Faustregel gut helfen: Bedenken Sie, daß dieselbe Menge Fett mehr als das Doppelte an Kalo-

So sorgt die Natur für die Erhaltung der Art: Das viele Melatonin, daß in Hungerzeiten gebildet wird, hemmt den Sexualtrieb, die Geburt zusätzlicher hungriger Mäuler wird verschoben, bis es wieder genug zu essen gibt.

Kein Nachwuchs in Hungerzeiten

Untersuchungen haben gezeigt, daß im Körper immer noch rund 25 Prozent der normalen Melatoninmenge erhalten bleiben, selbst wenn die Zirbeldrüse operativ entfernt werden muß. Wo dieses zusätzliche Melatonin entsteht, darüber diskutieren die Forscher noch angeregt.

Sicher ist, daß ein Teil des Melatonins auch in der Netzhaut in den Augen produziert wird. Einige Forscher berichten darüber, daß auch Zellen der Darmwand Melatonin produzieren; andere wiederum haben für die Melatoninproduktion wichtige Enzyme in roten Blutkörperchen gefunden. So oder so: Die Produktion in diesen zusätzlichen Melatoninfabriken steigt an, wenn der Körper hungern muß.

Eine Erklärung dafür könnte sein, daß sich der Körper biologisch sinnvoll an die mageren Zeiten anzupassen versucht: Je mehr Melatonin im Blut zirkuliert, um so mehr wird auch die Tätigkeit der Fortpflanzungsorgane unterdrückt. So kommt es, daß in Hungerzeiten nicht mehr Kinder gezeugt werden, als es die Ernährungssituation zulässig erscheinen läßt. Wenn dann die Kalorienzufuhr wieder ansteigt, sinkt die Konzentration von Melatonin im Blut, und nichts steht einem reichem Kindersegen mehr im Wege.

rien enthält wie die gleiche Menge von Proteinen (Eiweiß) oder Kohlenhydraten (Stärke, Zucker). Alkohol ist auch nicht ohne: Schnaps, Bier, Wein und Sekt versorgen Ihren Organismus ebenfalls mit viel mehr Kalorien, als es reines Eiweiß oder reiner Zucker tut.

Die Faustregel:

- 100 Gramm Kohlenhydrate enthalten 410 Kilokalorien
- 100 Gramm Proteine enthalten ebenfalls 410 Kilokalorien
- 100 Gramm Alkohol enthalten 710 Kilokalorien
- 100 Gramm Fett enthalten 930 Kilokalorien.

Alkohol – besonders kalorienreich

Wenn Sie auf die Kalorienmenge achten wollen, die Sie zu sich nehmen, ist Alkohol ganz besonders heimtückisch: Nach dem Genuß haben Sie keinerlei Gefühl, satt zu sein – ganz im Gegenteil: Alkohol ist ein wahrer Appetitmacher (nicht von ungefähr wird Alkohol bei festlichen Gelegenheiten gerne als Aperitif vor dem Essen serviert!). Nach einem reichhaltigen Menü mit vielen fetten Speisen verlangt es so manchen noch nach einem guten Schluck Cognac oder einem Gläschen Klaren – »damit der Magen besser verdauen kann«. Können Sie sich vorstellen, wieviele Kalorien Sie auf diese Weise zu sich nehmen? (Das ist auch die Erklärung dafür, warum die meisten Menschen während der Feiertage schnell ein paar Pfund zunehmen.)
Denken Sie deshalb immer bewußt daran, was Sie gerade essen oder trinken – denn auf das Sättigungsgefühl, das Ihnen Ihr Magen signalisiert, ist nicht immer Verlaß.

Alkohol ist immer eine Kaloriensünde. Er hat nicht nur selbst mehr als genug, er macht auch noch hungrig.

Ernährungssünden – schon bei den Kleinsten

Es beginnt schon im Kindesalter: Die Kleinen starten mit industriell gefertigten, übersüßten Fertigflocken in den Tag, die mit einem gesunden Müsli meist nicht einmal annähernd etwas gemein haben. Dieses Fast-food-Frühstück wird mit einem Becher gesüßten Fertigtees aus der Plastikflasche oder einer Dose Cola heruntergespült. Anstatt in der Schule während der Pause eine vernünftige Scheibe Vollkornbrot mit Käse zu essen, werden dann die heißbegehrten, süß-klebrigen Mohrenköpfe verspeist oder ein paar jener in großer Menge angebotenen süßen Riegel, die statt gesunder Nährstoffe vor allem Zucker und Fett enthalten. Im Vergleich dazu wirkt ein dick bestrichenes Butterbrot mit fetter Salami geradezu gesund – dabei ist zu fette Nahrung bei Kindern ebensowenig zu empfehlen wie bei Erwachsenen.

Fast food, Plastikessen ohne Nährwert, Kalorien statt Vitamine – so sieht unsere Ernährung heutzutage leider allzu häufig aus.

Kulinarische Sünden

Wie geht's dann zu Mittag weiter? Allzu oft wird ein Fertiggericht aus der Konserve oder aus der Tiefkühltruhe gezaubert und mit einem fettreichen, sahnehaltigen Dessert abgerundet. Der Apfel, die Banane, die Orange bleiben dann oft unbeachtet in der Obstschale liegen, bis sie unansehnlich werden und auf dem Kompost oder im Müll landen.
Abends wird nochmals fetthaltiger Aufschnitt aufgetragen, Cola und Limonade gehören mit dazu, bei Mama und Papa darf's auch mal ein Bier oder ein Glas Wein sein – und vor dem Fernseher werden anschließend gemütlich Schokolade oder fette Chips aus der Tüte gefuttert. Die kulinarischen Sünden des Alltags sollen dann am Wochenende wiedergut-

Heilfasten

- Heilfasten wird von vielen Menschen als bloßes Hirngespinst alternativ denkender Personen oder schlicht als Unsinn abgetan: Man solle doch glücklich sein, daß heute bei uns keiner hungern müßte, und man solle nicht aus purem Gesundheitswahn auch noch freiwillig solche Qualen auf sich nehmen!
- Sicher: In der heutigen Wohlstandsgesellschaft können wir uns glücklich wähnen, daß der Hunger als soziales Problem - im Gegensatz zu dem größeren Teil der Weltbevölkerung – fast unbekannt ist. Doch es ist auch wahr, daß wir, obwohl wir die besten Voraussetzungen dafür haben, uns gesund zu ernähren, dies in den seltensten Fällen auch tun.
- Heilfasten von Zeit zu Zeit ist deshalb für die meisten von uns wirklich eine wahre Wohltat.
  Wenn Sie gesund sind und sonst keine Gründe (etwa Schwangerschaft, Stillzeit, Untergewicht) dagegen sprechen, dürfen Sie getrost einmal ein kurzes Heilfasten einlegen.

gemacht werden – aber die Sünden wider die gesunde Ernährung werden fortgesetzt. Mutter stellt sich in die Küche und bereitet für ihre Lieben ein Sonntagsmenü: Mit Suppe, auf der sich die blanken Fettaugen spiegeln, mit lieblich duftendem Gänse- oder Schweinebraten und leckerer Sauce (das Schmalz wird gleich zum Ausbacken der Schnitzel aufbewahrt), die Bratkartoffeln glänzen unter der Fettschicht. Anschließend gibt's eine schöne Sahnetorte.
Kommt Ihnen so eine Ernährung vielleicht bekannt vor? Sicher geht es nicht in vielen Familien so zu – doch bis auf ganz wenige Ausnahmen gilt für alle Bundesbürger: Wir ernähren uns zu fett und zu kalorienreich, und obendrein sind in unseren Nahrungsmitteln viele Rückstände und Schadstoffe enthalten, die wichtige Entgiftungsenzyme und Radikalefänger blockieren können.

Ein Fastentag oder eine Fastenkur

So können Sie heilfasten:

- Auf eigene Faust dürfen nur gesunde Menschen fasten – und auch das nur höchstens fünf Tage! Fragen Sie vorher Ihren Hausarzt! Wenn Sie allerdings nur zwischendurch mal einen Fasttag einlegen wollen, ist in aller Regel dagegen nichts einzuwenden.
- Entleeren Sie vor dem Fasten Ihren Darm – am besten nehmen Sie am Vortag reichlich frisches Obst oder ein paar getrocknete Pflaumen zu sich.
- Trinken Sie während des Fastens mindestens drei Liter Flüssigkeit – am besten ungesüßte Obstsäfte oder Mineralwasser. Auch eine klare Gemüsebrühe ist erlaubt.
- Nehmen Sie sich während des Fastens keine anstrengende Arbeit vor! Planen Sie lieber ausreichend Zeit für leichte sportliche Tätigkeiten ein – etwa Schwimmen oder einen Saunabesuch.
- Alkohol und Zigaretten sind verboten.

Es gibt verschiedene Formen von Fastenkuren, die Sie je nach Ihren persönlichen Vorlieben durchführen können: Striktes Tee- oder Wasserfasten, die F.-X.-Mayr-Kur, die Schroth-Kur etc. Mehr darüber erfahren Sie in dem Ratgeber »Schlank und fit durch gesundes Fasten«, der ebenfalls im Südwest Verlag erschienen ist.

Der Stoff, aus dem die Träume sind – Tryptophan

Zum Thema »Heilfasten nach F. X. Mayr« ist im Südwest Verlag ein eigener Ratgeber erschienen, der den Kurverlauf in allen Einzelheiten beschreibt.

Doch nicht nur die Kalorienmenge ist wichtig, wenn Sie sich melatoninfreundlich ernähren wollen. Denn schließlich braucht Ihr Organismus – egal, ob Zirbeldrüse, Netzhaut oder Darm – die entsprechenden Bausteine, um das Hormon in ausreichenden Mengen produzieren zu können.
Die direkte Vorstufe des Melatonins ist Serotonin, ein Hormon, das die Eng- oder Weitstellung der Blutgefäße reguliert. Da diese Steuerungsfunktion hochwichtig ist, kann es sich der Körper nicht leisten, all sein Serotonin in Melatonin

Fast food – besonders Hamburger in allen Variationen – ist vor allem bei Kindern und Jugendlichen sehr beliebt. Allerdings sollten diese Gerichte wirklich nur gelegentlich auf dem Speiseplan stehen.

umzubauen. Deshalb müssen Sie täglich ausreichend Tryptophan zu sich nehmen – jenen Baustein, aus dem sowohl Serotonin als auch Melatonin hergestellt werden. Tryptophan ist reichlich in eiweißhaltiger Nahrung vorhanden. Wenn Sie sich also überwiegend mit Fett und kohlenhydrathaltigen Lebensmitteln ernähren – etwa eine Vorliebe für Speck, Nudeln, fette Mayonnaisen und Süßspeisen haben –, so kann es durchaus geschehen, daß Sie trotz hoher Kalorienzufuhr nur sehr wenig Tryptophan zu sich nehmen.

Die Mischung ist wichtig

- Achten Sie bei der Auswahl der Lebensmittel, die bei Ihnen auf den Tisch kommen, auf ein günstiges Verhältnis zwischen Kalorien- und Eiweißgehalt (die Nahrung soll wenig Kalorien, aber verhältnismäßig viel pflanzliche Eiweißstoffe enthalten).

Viele Menschen wissen nicht, daß auch Gemüse Proteine (Eiweißstoffe) enthält – dabei sind manche Gemüsesorten Lieferanten hochwertiger Eiweißstoffe. Hülsenfrüchte enthalten z. B. etwa so viel Eiweiß wie Fleisch – mit dem großen Vorteil, daß in Erbsen, Linsen oder Bohnen sehr viel weni-

Die besten Milchprodukte

Diese Milchprodukte haben das günstigste Verhältnis von Kalorien zu Eiweiß:

- **Fettarme Milch (1,5 - 1,8 Prozent Fett)**
- **Magermilch (höchstens 0,3 Prozent Fett)**
- **Buttermilch**
- **Fettarmer Joghurt**
- **Magerer Speisequark**
- **Körniger Frischkäse**
- **Camembert (höchstens 30 Prozent Fettgehalt)**
- **Sauermilchkäse**

Eiweiß statt Kalorien: Das ist die erste Meßlatte, die Sie bei der Auswahl Ihrer Nahrungsmittel anlegen sollten.

ger Fett enthalten ist und die Hülsenfrüchte Ihren Körper nicht mit zusätzlichen Kalorien belasten (sofern Sie die Speise nicht mit allzuviel Fett oder Speck anrichten!).

Wenn Sie sich eingehender über gesunde Ernährung informieren wollen: Im Südwest Verlag ist ein Kursbuch von Klaus Oberbeil zum Thema »Fit durch gesunde Ernährung« erschienen.

Eiweißlieferanten

Diese Gemüsesorten liefern hochwertiges Eiweiß:

- Linsen
- Bohnen
- Erbsen
- Kichererbsen (getrocknet)

Etwas weniger, aber dennoch wertvolles Eiweiß liefern auch:

- Sojabohnen- und Mungobohnenkeime
- Blumen- und Rosenkohl
- Brokkoli
- Wirsing und Grünkohl
- Paprika
- Zucchini
- Getrocknete Aprikosen

Reich an Eiweiß sind auch Haselnüsse, Mandeln und Walnüsse – doch bedenken Sie beim Aufstellen Ihres Speiseplanes, daß Nüsse verhältnismäßig viel Fett enthalten.
Der wohl bekannteste Eiweißlieferant ist Fleisch – viele Menschen meinen gar, ohne Fleisch sei der tägliche Bedarf

Die besten Getreideprodukte

Diese Getreideprodukte haben das günstigste Kalorien/Eiweißverhältnis:

- **Weizenmehl und Weizenvollkornbrot**
- **Haferflocken**
- **Roggenmehl und Roggenvollkornbrot**
- **Gerste und Reis**
- **Cornflakes**
- **Weizenbrötchen**
- **Salzstangen**

Die besten Fleischsorten

Diese Fleischsorten haben das günstigste Kalorien/Eiweißverhältnis:

- **Rindfleisch (Filet)**
- **Rindfleisch (Schulter)**
- **Kalbfleisch (Filet)**
- **Hähnchen (Brust)**
- **Pute (Brust)**
- **Wild (Hase)**
- **Wild (Hirsch)**
- **Scholle**
- **Schellfisch**

an Eiweiß nicht zu decken. Tatsächlich enthält Fleisch besonders viel Proteine – doch leider wird in den allermeisten Fällen gleich auch eine Menge Fett und damit auch eine Menge Kalorien mitgegessen. Wenn Sie gerne Fleisch essen, sollten Sie darauf achten, vor allem die fettarmen Sorten zu verzehren.

Ohne Enzyme kein Melatonin

Aber auch die beste Versorgung mit Tryptophan reicht nicht aus, um die Produktion von Melatonin zu sichern. Denn ob der Baustein auch tatsächlich verarbeitet wird, hängt auch davon ab, ob die dazu erforderlichen Enzyme aktiv sind.
Es wurde schon erwähnt, daß das wichtigste Enzym bei der Melatoninproduktion – die sogenannte Hydroxyindol-O-Methyltransferase – Dunkelheit braucht, um richtig arbeiten zu können. Doch die schwärzeste Nacht ist nicht schwarz genug, die Synthese von Melatonin zu sichern, wenn wichtige Kofaktoren fehlen. Die allermeisten Enzyme sind nämlich darauf angewiesen, daß ihnen bestimmte Vitamine und Mineralstoffe bei ihrer Tätigkeit zur Seite stehen.
Deshalb sind Vitamine, Mineralstoffe und Spurenelemente so lebenswichtig: Ohne sie würden die meisten Enzyme einfach nicht arbeiten. Es ist, als ob dem Maurer seine Kelle oder dem Koch die Töpfe und der Herd fehlen würden.

Für eine gesunde Ernährung brauchen Sie auf nichts zu verzichten. Wichtig ist in erster Linie, daß Sie sich ausgewogen ernähren, d.h. alles zu sich nehmen, was die Natur anzubieten und dafür vorgesehen hat.

Wenn Sie sichern wollen, daß in Ihrem Körper ausreichende Mengen von Melatonin (und auch aller anderen wichtigen körpereigenen Substanzen) produziert werden, müssen Sie dafür Sorge tragen, daß es Ihrem Organismus an den wichtigsten Kofaktoren nicht fehlt. Es reicht deshalb bei der Auswahl Ihrer Nahrung nicht aus, darauf zu achten, daß Sie nicht unnötig viele Kalorien aufnehmen: Sie müssen solche Nahrungsmittel wählen und in Ihren Speiseplan aufnehmen, die – trotz geringer Kaloriendichte – ausreichende Mengen lebenswichtiger Vitamine und Mineralstoffe enthalten.

Unumgängliche Kofaktoren – die B-Vitamine

Um funktionieren zu können, braucht unser Körper eine Menge unterschiedlicher Vitamine, Mineralstoffe und Spurenelemente. Die komplette Aufzählung würde Bücher füllen.

Im absoluten Mittelpunkt des Stoffwechsels stehen die Vitamine der Gruppe B: Sie arbeiten mit einer ganzen Reihe unterschiedlichster Enzyme zusammen. Wenn von einer Minute zur anderen die B-Vitamine aus dem Körper verschwinden würden, wäre ein totales Chaos im Stoffwechsel und der plötzliche Tod die unausweichliche Folge. Denn diese Vitamine sind für die Tätigkeit aller lebenswichtigen Enzyme unentbehrlich: Sie werden zum Atmen ebenso benötigt wie für die verschiedensten Auf-, Um- und Abbauprozesse.

Zu den Vitaminen der Gruppe B zählen folgende Vitamine:

- Vitamin B1 (Thiamin)
- Vitamin B2 (Riboflavin)
- Vitamin B3 (Niacin)
- Vitamin B5 (Pantothensäure)
- Vitamin B6 (Pyridoxin)
- Biotin
- Folsäure
- Vitamin B12

Wenn Sie eine ausreichende Produktion von Melatonin sichern wollen, sorgen Sie unbedingt dafür, daß es Ihnen an den Vitaminen der B-Gruppe nicht fehlt. Doch vernachlässi-

B-Vitamine sind enthalten in

- Hülsenfrüchten
- Getreide und Weizenkeimen
- Kartoffeln
- Nüssen
- Eiern
- Milch und Milchprodukten
- Hefe
- Leber
- Magerem Fleisch
- Geflügel und Fisch

In Gemüse und in Obst (z.B. Bananen, Grapefruits, Wassermelonen, Pilzen) sind vor allem Biotin und Pantothensäure enthalten.

gen Sie bitte nicht die Versorgung mit den anderen Vitaminen. Nur dann kann Ihr Stoffwechsel ausgewogen sein – und nur so wird die ausreichende Produktion von Melatonin wirklich ermöglicht.

Mineralstoffe – ein absolutes Muß

Eine besonders enge Beziehung besteht zwischen Kalzium und Melatonin. Untersuchungen haben gezeigt, daß Melatonin einen großen Einfluß darauf hat, ob dieses lebenswichtige Mineral in die Zellen eindringen kann, wo es benötigt wird, oder nicht.
Auch andersherum besteht eine ähnliche Beziehung: Wenn es dem Körper an Kalzium mangelt, wird die Melatoninproduktion in der Zirbeldrüse unterdrückt. Das haben kürzlich Wissenschaftler aus dem Kerckhoff-Institut in Bad Nauheim entdeckt. Sorgen Sie deshalb für eine ausreichende Versorgung Ihres Körpers mit Kalzium! Sie können den Bedarf an Kalzium leicht decken, wenn Sie reichlich Milch und Milchprodukte zu sich nehmen.
Aber nicht nur Kalzium ist für die Melatoninproduktion erforderlich. Unser Körper braucht auch eine ganze Reihe von Metallen, um alle erforderlichen Enzyme zu aktivieren.

Bei einer ausgewogenen, natürlichen Ernährung brauchen Sie keinen Gedanken an fehlende Nährmittel zu verschwenden – Sie nehmen sie ganz automatisch in der richtigen Menge zu sich.

Knackige Gartensalate, mit frischem Gemüse angerichtet, sind nicht nur lecker, sondern auch reich an wichtigen Vitaminen, Mineralien und Spurenelementen.

Metalle aktivieren Enzyme

TIP

Wenn Sie in einem Altbau wohnen, sollten Sie sich erkundigen, aus welchem Material die Trinkwasserleitungen bestehen – lassen Sie sie ggf. auswechseln.

Dazu zählen vor allem Zink, Mangan, Kupfer, Kalium und Natrium. Bei normaler Ernährung ist der tägliche Bedarf an diesen Elementen voll gedeckt. Eine besondere Versorgung ist deshalb nicht erforderlich – ja, ein Zuviel des einen oder anderen Metalls könnte sogar gefährlich werden. Insbesondere Kupferverbindungen sind für den Menschen in größeren Mengen giftig (für Säuglinge können sogar schon geringe Konzentrationen von Kupfer, etwa aus Trinkwasserleitungen, bedrohlich werden). Wenn Sie meinen, daß Sie an einem

Mangel dieser Substanzen leiden, sollten Sie sich deshalb an Ihren Arzt wenden. Mangelerscheinungen der genannten Metalle treten im Allgemeinen nur nach anhaltenden starken Durchfällen auf – dann scheidet der Organismus mehr dieser Stoffe aus, als er aufnehmen kann.

Auch Antioxidantien sind wichtig

Für Menschen, die an Melatoninmangel leiden, ist eine ausgewogene Ernährung besonders wichtig: Es gilt nicht nur, für einen ausreichenden Nachschub von Tryptophan und der für die Melatoninproduktion erforderlichen Vitamine zu sorgen. Bei Melatoninmangel muß der Organismus zusätzlich mit größeren Mengen von Antioxidantien versorgt werden – das sind Substanzen, die, ähnlich wie Melatonin, freie Radikale abfangen. Da Melatonin diese Aufgabe nicht mehr voll wahrnehmen kann, müssen andere Radikalefänger fleißiger arbeiten, um den Körper vor Schäden durch freie Radikale zu bewahren.
Zu den wirksamsten Antioxidantien zählen – neben Melatonin – insbesondere Vitamin A (Beta-Karotin), Vitamin B, Vitamin E, die Minerale Selen und Zink.

Wichtige Radikalefänger

Beta-Karotin finden Sie in
- **Kalbsleber**
- **Tomaten, Karotten, Spinat**
- **Kürbis, Papaya**
- **Grünkohl.**

Riboflavin finden Sie in
- **Leber und Leberwurst**
- **Mandeln**
- **Käse, Pilzen, Lachs**
- **Vollkorngetreide.**

Vitamin E finden Sie in
- **Magerem Käse**
- **Sonnenblumen- und Sojaöl, Margarine**
- **Mandeln, Walnüssen und Erdnüssen.**

Neueste Forschungen haben gezeigt, daß auch fertiges Melatonin in bestimmten Pflanzen enthalten ist. Wer unter Melatoninmangel leidet, sollte viel Reis, Tomaten, Karotten und Nüsse zu sich nehmen.

Melatonin aus Pflanzen

Noch vor einem Jahr hätten es die Wissenschaftler nicht für möglich gehalten: Das Hormon der Zirbeldrüse wird nicht nur im Körper von Mensch und Tier hergestellt, es entsteht auch in Pflanzen! Melatonin kommt in einer ganzen Reihe von Gemüsen, Obst und Kräutern vor.

Melatonin aus Pflanzen wird im Körper genauso verwertet wie das in unserer Zirbeldrüse hergestellte. Sie können also durch bewußte Ernährung Ihrem Organismus direkt zusätzliches Melatonin zuführen.

Die große Überaschung

Der japanische Biochemiker A. Hattori von der Universität Kawasaki fand in 24 verschiedenen Pflanzen Melatonin – am meisten in Reis. Er fütterte Küken mit melatoninhaltigem Futter und stellte fest, daß das Hormon unbeschadet in deren Blut gelangte. Dort wird es vollständig verwertet – d.h. es wirkt wie selbst hergestelltes Melatonin.

Vielleicht liegt hier einer der Schlüssel zu einem langen Leben verborgen: Schließlich werden gerade aus Asien, wo Reis das mit Abstand wichtigste Grundnahrungsmittel ist, viele Lebensalterrekorde gemeldet.

Doch glauben Sie bitte nicht, Sie könnten Ihren gesamten Melatoninbedarf aus der Ernährung decken! Dazu müßten Sie etwa ein Kilogramm Bananen oder Tomaten täglich essen. Wichtig bleibt also, daß Sie Ihre Zirbeldrüse bei der Produktion körpereigenen Melatonins unterstützen.

In diesen Pflanzen kommt Melatonin vor

Außer im Reis findet sich das Hormon in Nüssen und in folgenden Gemüsesorten:

- **Bananen**
- **Tomaten**
- **Karotten und Sellerie**

Daneben kommt Melatonin in diesen Kräutern vor:

- **Baldrian**
- **Bärlauch**
- **Ringelblume**
- **Johanniskraut**

Nicht nur die Ernährung ist wichtig

Aus Schweden und Italien kommt die Meldung, daß Menschen, die häufig an Migräne und Kopfschmerzen leiden, meistens zu wenig Melatonin im Blut haben. Als die Ärzte ihre Migränepatienten näher unter die Lupe genommen haben, stellte sich heraus, daß viele der von Kopfschmerzen Geplagten regelmäßig rauchten. Die Ärzte vermuten nun, der Ursache der Migräne auf die Spur gekommen zu sein: Das Rauchen ist allem Anschein nach die Ursache der niedrigen Melatoninwerte, die dann zu den anfallartigen, quälenden Kopfschmerzen führen.

Finger weg vom Glimmstengel!

Raucher leben gleich doppelt und dreifach gefährlich:

- Einerseits führen die Substanzen, die sie mit dem Zigarettenrauch inhalieren, dazu, daß viele aggressive freie Radikale in ihrem Lungengewebe freigesetzt werden. Diese schädigen gesundes Gewebe und können im Extremfall Krebszellen entstehen lassen.
- Andererseits senkt das Rauchen auch den Melatoninspiegel. Folge davon ist, daß der Körper ohne diesen besonders fleißigen Radikalefänger auskommen muß.
- Ein weiterer Faktor in diesem Teufelskreis ist, daß auch das Immunsystem geschwächt wird, weil es auf die Zusammenarbeit mit Melatonin verzichten muß.

Bei der allgemein bekannten Schädlichkeit des Rauchens kann es nicht verwundern, was jüngst bewiesen wurde: Rauchen senkt auch den Melatoninspiegel.

Ein Gläschen in Ehren?

Nichts gegen einen guten Tropfen vor dem Schlafengehen – neuerdings hat man sogar gesundheitsfördernde Wirkungen von mäßigem Alkoholgenuß nachgewiesen. Doch der Genuß muß sich in Grenzen halten, wenn Sie eine geruhsame Nacht haben wollen!

Schwedische Forscher haben festgestellt: Schon eine geringe Menge Alkohol, am Abend getrunken, kann in der darauffolgenden Nacht die Produktion von Melatonin um ein Drittel herabsetzen. Aufgefallen war das Ärzten in Notfallambulanzen, als sie Patienten mit akuten Alkoholproblemen behandelten. Bei den Betrunkenen waren die Melatoninwerte regelrecht im Keller. Kein Wunder, wenn nach einem feuchtfröhlichen Abend der erholsame Schlaf dann auf sich warten läßt.

»Einmal ist keinmal«, heißt es in einem Sprichwort. Da mag was dran sein, doch wer regelmäßig abends zu tief in sein Glas schaut, kann seinen Melatoninrhythmus ganz schön aus dem Gleichgewicht bringen. Wenn Sie gesund leben und die Vorteile Ihres körpereigenen Jungbrunnens genießen wollen, sollten Sie es bei dem einen Gläschen in Ehren belassen.

Sonnenanbeter leben gefährlich

Der begehrte braune Teint sollte wirklich langsam aus der Mode sein. Hautkrebs, hervorgerufen durch zu starke Sonneneinstrahlung, gehört zu den Krebsarten mit den höchsten Zuwachsraten.

Gehören Sie ebenfalls zu den Menschen, die es kaum abwarten können, bis die Sonne wieder vom Himmel strahlt, um sich im knappen Badeanzug oder im Adamskostüm in der Sonne zu aalen? So verständlich dieser Wunsch auch sein mag und so förderlich das helle Sonnenlicht für die Melatoninproduktion in der darauffolgenden Nacht ist – die Sonnenanbeterei sollte endgültig aus der Mode sein. Daß durch übertriebenes Sonnen das Risiko von Hautkrebs zunimmt, ist eine längst bekannte Tatsache – denn UV-Strahlen lassen in unserem Körper vermehrt freie Radikale entstehen. Aus Dänemark melden Forscher neuerdings, daß nach UV-Bestrahlung auch die Konzentration des im Blut zirkulierenden Melatonins meßbar abnimmt. Und damit wird wieder der schon beschriebene Teufelskreis wirksam: Das Immunsystem kann nicht mehr effektiv genug arbeiten, um alle von UV-Strahlen geschädigten Zellen abzufangen, und zusätzlich fehlt Melatonin beim Kampf gegen freie Radikale.

Raus aus der Sonne!

Bleiben Sie lieber ganz im Schatten, und nehmen Sie dort ein Luftbad! Das helle Tageslicht regt Ihre Melatoninproduktion genügend an – und die aggressiven UV-Strahlen werden von einem Sonnenschirm wirksam abgefangen. Auch im Schatten können Sie eine zarte sommerliche Bräune bekommen. Sie müssen nicht unbedingt braun wie eine Kaffeebohne werden, wenn Mutter Natur Sie mit einem hellen Teint versehen hat.

Stärken Sie Ihr Immunsystem

Ein starkes Immunsystem ist für jeden Menschen wichtig – es bekämpft die Krankheitserreger eines einfachen Schnupfens ebenso wie entartete Zellen, die irgendwann zu Krebs führen könnten. Wenn Sie über ausreichende Mengen von Melatonin verfügen: Um so besser für Sie und Ihr Immunsystem, denn Melatonin spornt die zentralen Organe der körpereigenen Abwehr kräftig an.

Wenn Sie den Verdacht haben, daß Ihr Melatoninhaushalt gestört sein könnte, müssen Sie Ihr Immunsystem stärken. Das geht auf unterschiedliche Weise und ist leichter als Sie denken.

Wenn Sie nicht sicher sind, ob Ihr Melatoninhaushalt optimal ist, oder wenn Sie nicht mehr zu den Jüngsten zählen, sollten Sie gezielt versuchen, Ihr Immunsystem zusätzlich zu unterstützen – mit Sport, Vitaminen, Heilpflanzen und Wasseranwendungen. Sie können damit einen eventuellem Melatoninmangel ausgleichen helfen – und viel dazu beitragen, daß Sie gesund bleiben.

Sport ist angesagt

Sport ist gleich aus mehreren Gründen wichtig, wenn der Melatoninhaushalt aus den Fugen geraten ist. Zum einen zählt regelmäßige sportliche Betätigung zu den zuverlässigsten Muntermachern für das Immunsystem: Es wurde wissenschaftlich nachgewiesen, daß schon 20 Minuten mäßige körperliche Belastung täglich die Zahl der aktiven Immunzellen erhöhen. Die Folge: Menschen, die regelmäßig Sport treiben, werden nicht so schnell krank.

Sport gegen Schlafstörungen

Wer Sport treibt, schläft gut. Das kommt nicht nur durch die wohltuende körperliche Erschöpfung, sondern auch dadurch, daß Sport die nächtliche Produktion von Melatonin anregt.

Doch Sport wirkt sich günstig auch direkt auf den Melatoninhaushalt aus: Der norwegische Sportwissenschaftler A. Weydahl hat festgestellt, daß regelmäßiges Training helfen kann, die Melatoninproduktion ins richtige Lot zu bringen.
In den nordischen Regionen leiden viele Menschen an einem gestörten Melatoninrhythmus. Die Tage sind im Winter zu kurz, um die Zirbeldrüse so richtig zur Ruhe kommen zu lassen. Die Folge davon ist, daß selbst in den langen Polarnächten zu wenig Melatonin produziert wird.
Wenn die Menschen in der Polarregion aber während der hellen Phase intensiv Sport treiben, sinkt ihr Melatoninspiegel bei Tag ab, steigt dafür aber in der darauffolgenden Nacht, und sei sie noch so kurz, deutlich meßbar an. Die Menschen, die sich an Weydahls Sportprogramm beteiligt haben, klagten während der dunklen Jahreszeit nicht mehr über Schlafstörungen.

Mit Sport die Melatoninproduktion fördern

- **Im Prinzip ist jede Sportart geeignet, Ihren Melatoninhaushalt wieder ins Lot zu bringen.**
- **Allerdings sollten Sie nicht spät am Abend etwa in einer Squashhalle oder im Fitneßcenter trainieren, sondern möglichst bei Tageslicht draußen im Freien Sport treiben.**
- **Einfache Gymnastikübungen, Radfahren, Laufen oder zügiges Wandern unterstützen Ihren natürlichen Melatoninrhythmus wirksam und stärken Kondition und Immunsystem.**

Wissenschaftler aus Münster haben festgestellt, daß mit zunehmendem Alter der Melatoninrhythmus allmählich unregelmäßiger wird; das Minimum bei Tag und das Maximum bei Nacht sind bei den Älteren weniger ausgeprägt. Deshalb bietet sich regelmäßiger Sport auch für nicht mehr ganz junge Menschen als ideale Möglichkeit an, den körpereigenen Jungbrunnen wieder zum Sprudeln zu bringen. Dazu ist weder ein Rezept noch eine Pille erforderlich.

Auch die Körperabwehr braucht Vitamine

Zu den wichtigsten Muntermachern des Immunsystems gehört Vitamin C. Ohne diesen Stoff können die Immunzellen – die weißen Blutkörperchen – keine Antikörper produzieren, mit denen sie dann gegen Krankheitserreger losziehen. Versorgen Sie sich deshalb täglich mit einer ordentlichen Portion dieses wichtigen Vitamins! Sie können es selbst in größeren Mengen einnehmen, denn es sammelt sich im Körper nicht an und schädigt ihn auch nicht: Was Sie zuviel aufnehmen, wird einfach wieder ausgeschieden.
Auch Vitamin A (Retinol) ist für ein gut funktionierendes Immunsystem wichtig: Es hält die Schleimhäute gesund. Verständlich, daß dieses Vitamin gerade bei der Abwehr solcher Krankheiten wichtig ist, deren Verursacher durch die Schleimhäute eindringen. Nehmen Sie allerdings lieber kein synthetisches Vitamin A ein, denn hier kann ein Zuviel durchaus schädlich sein. Am besten ist es, wenn Sie sich reichlich mit Vitamin A aus der Nahrung versorgen.

Vitamin C ist der wichtigste »Treibstoff« für unser Immunsystem. Sie können es (fast) bedenkenlos zu sich nehmen – Überschüsse werden vom Körper einfach ausgeschieden.

Außer diesen beiden speziell für die körpereigene Abwehr wichtigsten Vitaminen ist selbstverständlich auch eine ausreichende Versorgung mit allen anderen Vitaminen, Mineralien und Spurenelementen wichtig – doch davon wurde bereits im Kapitel über die melatoninfreundliche Ernährung gesprochen.

Hier finden Sie die Vitamine A und C

Reichlich Vitamin C ist enthalten in:

- **Holunderbeeren**
- **Kiwis**
- **Orangen und Zitronen**
- **Himbeeren und Grapefruits**
- **Zwiebeln, Spinat, grünen Erbsen und Kohl.**

Entgegen der allgemeinen Meinung enthalten Äpfel verhältnismäßig wenig Vitamin C (weniger als ein Viertel des Vitamin-C-Gehalts z. B. einer Orange oder einer Kiwi).

Vitamin A ist vor allem enthalten in:

- **Karotten**
- **Tomaten**
- **Spinat**
- **Kürbis**
- **Grünkohl und Brokkoli**
- **Avocado**
- **Kalbsleber.**

Wenn Sie täglich eine Karotte oder drei bis vier Tomaten essen, haben Sie Ihren täglichen Bedarf an Vitamin A gedeckt und Ihr Immunsystem wirksam unterstützt.

Heilpflanzen

Mit Tees und Heilpflanzenauszügen können Sie Ihr Immunsystem zusätzlich stärken – vor allem in Zeiten erhöhter Infektionsgefahr.

Die Naturmedizin kennt eine Reihe von Heilpflanzen, deren immunstimulierende Wirkung mittlerweile auch wissenschaftlich erwiesen wurde. Zu den wirksamsten abwehrsteigernden Pflanzen zählen: Sonnenhut (Echinacea), Hagebutte, Lindenblüte, Holunder und Meerrettich. Sie können die Heilpflanzen leicht selber ernten, trocknen und dann das ganze Jahr über zur Unterstützung Ihres Immunsystems anwenden. Lediglich die Wirkstoffe aus dem Sonnenhut sollten Sie lieber aus der Apotheke besorgen, denn beim unsachgemäßen Trocknen und Weiterverarbeiten der Pflanze gehen die meisten Wirkstoffe rasch verloren.

Aus Hagebutten, Linden- und Holunderblüten können Sie köstlichen Tee zubereiten und regelmäßig trinken. Aus dem Meerrettich bereiten Sie am besten Frischsaft zu: Reiben Sie die Wurzel, und drücken Sie sie aus. Täglich ein Teelöffel

steigert die Immunkraft. Für Menschen mit empfindlichem Magen und für Kleinkinder ist diese Form jedoch nicht besonders geeignet (scharf!).
Sie können den Meerrettich aber auch reiben und mit Sahne oder Preißelbeeren als Dip zubereiten und zu Fisch- oder Fleischgerichten genießen – die wertvollen Inhaltsstoffe bleiben erhalten. Auch im Dressing von Salaten oder in warmen Saucen macht sich Meerrettich geschmacklich und gesunheitsfördernd bemerkbar.

Wasseranwendungen

Wassertherapie hat in Deutschland eine besondere Tradition, seit Pfarrer Kneipp die heilsame Kraft des Wassers erkannt und populär gemacht hat. Sie sollten auf diese einfache, billige und angenehme Möglichkeit, Ihr Immunsystem zu stärken, nicht verzichten.
Zu den wirksamsten Wasseranwendungen zählen Wassertreten, verschiedene Güsse, Teil- und Ganzbäder. Sie sind eine wahre Wohltat für Leib und Seele – vorausgesetzt, die Anwendungen werden sachkundig durchgeführt.
Bevor Sie daher mit Wasseranwendungen beginnen: Lassen Sie sich von Ihrem Hausarzt beraten, wo Sie am besten die geeignete Methode erlernen können. Beobachten Sie genau, wie der Bademeister bei den Wasseranwendungen vorgeht, damit Sie es später zu Hause richtig weiterführen können.

- Regelmäßig angewendet, ist Wassertherapie eine wahre Zauberformel für viele Unpäßlichkeiten, die von einem gestörten Melatoninhaushalt herrühren. Darüber hinaus wirken wechselwarme Wasseranwendungen gegen Arteriosklerose (Gefäßverkalkung). Durch die Temperaturunterschiede weiten sich die Blutgefäße und ziehen sich wieder zusammen. Auf diese Art bleiben sie elastisch und setzen keinen Kalk an.

Kalte Güsse, heiße Sauna – die vielseitigen Wirkungen von Wasseranwendungen sind in der Blütezeit der Apparate- und Pharmamedizin in Vergessenheit geraten. Heute besinnt man sich wieder darauf.

Gesund und glücklich bis ins hohe Alter. Das ist auch ohne künstliches Melatonin möglich.

Die Wunderpillen mit Melatonin, die Vitalität bis ins hohe Alter versprechen, sind völlig überflüssig. Erstens ist ein gesunder Lebensrhythmus viel wichtiger als eine hohe Melatoninkonzentration im Blut ...

Brauchen wir die Wunderpille?

Der Rummel um das Melatonin der letzten Monate hat einem guten Zweck gedient: Wenn die Melatoninexperten Walter Pierpaoli, William Regelson und ihre Kollegen kein solches Aufsehen um Melatonin gemacht hätten – wer weiß, wann die Öffentlichkeit von den vielen wundersamen Eigenschaften des Zirbeldrüsenhormons erfahren hätte?

Ein gesunder Rhythmus

Das Experiment des italienischen Forschers Pierpaoli an den Mäusen mit den vertauschten Zirbeldrüsen hat gezeigt: Eine junge Zirbeldrüse scheint die Garantie für Jugendlichkeit zu sein, während eine alte Zirbeldrüse vorzeitiges Altern bedeutet. Doch heißt das tatsächlich, daß die Menge des zur Verfügung stehenden Melatonins für die so frappierenden Auswirkungen verantwortlich ist? Aus der Sicht neuerer Erkenntnisse scheint eher wahrscheinlich zu sein, daß die Zirbeldrüse im jungen Alter eine geregeltere Arbeitsweise hat, während bei älteren Individuen – Mensch wie Tier – der optimale Biorhythmus meist nicht mehr vorhanden ist.

Wichtiger als viel Melatonin

Insbesondere für den Menschen gilt: Kinder und Jugendliche halten den Tag- und Nachtrhythmus meist vorbildlich ein – darauf achten schon ihre Eltern, wenn es abends heißt: »Ab ins Bett und Licht aus!« Genauso stimmt der Rhythmus am frühen Morgen: Der Wecker rasselt, die Schule ruft – die

Kinder müssen raus aus den Federn und aus dem Haus. Ob es ihnen gefällt oder nicht: Dadurch, daß sie bei Nacht schlafen und bei Tag wachen und sich eventuell auch im Freien aufhalten, bieten sie ihrer Zirbeldrüse optimale Arbeitsbedingungen. Die unerschöpfliche Lebensfreude kommt von alleine, weil der Melatoningehalt im Blut bei Tag ordentlich absinkt, um bei Nacht wieder steil anzusteigen. Wer dagegen auch bei Tag zuviel Melatonin im Blut hat, wird vergeblich auf jugendliche Gefühle und einen Energiestoß warten – im Gegenteil: Er wird sich müde und schlapp fühlen.

Zuviel ist schädlich

Die Vermutung, daß zuviel Melatonin unerwünscht, ja schädlich sein kann, wird durch neueste Beobachtungen von Neurologen untermauert: Hilfe bei schweren Erkrankungen. Aus dem amerikanischen Danbury meldet eine Gruppe von Ärzten aufregende Erfolge bei der Behandlung von Patienten mit multipler Sklerose (MS), Parkinsonscher Krankheit und Alzheimer-Krankheit. Sie setzten die Kranken wiederholt für jeweils 20 Minuten einem schwachen elektromagnetischen Feld aus (Elektromagnetische Felder senken die Konzentration von Melatonin im Blut). Die Erfolge scheinen unglaublich: Bei einem 58jährigen Patienten, der seit vier Jahrzehnten an multipler Sklerose leidet, konnte eine einzige Behandlung einen weiteren akuten Schub verhindern! Bei fünf Parkinson-Patienten haben sich nach einer Serie von Behandlungen die Symptome deutlich gebessert.

... zweitens kann zuviel Melatonin durchaus schädlich sein. Neuerdings gibt es medizinische Erfolge durch eine Senkung des Melatoninspiegels bei bestimmten Patientengruppen.

Erfolge bei MS, Parkinson und Alzheimer

Am auffallendsten war der Erfolg bei Alzheimer-Kranken: Die Behandlung mit elektromagnetischen Feldern hatte eine rapide Besserung des Gedächtnisses, des Orientierungs- und Denkvermögens sowie des sozialen Verhaltens zur Folge.

Bisher hatten Neurologen allgemein angenommen, daß diese typischen Symptome der Alzheimer-Krankheit von zerstörtem Nervengewebe herrühren und deshalb unheilbar sind. Die amerikanischen Ärzte vermuten, daß diese spektakulären Behandlungserfolge bei den genannten Krankheiten im Zusammenhang mit der Melatoninproduktion in der Zirbeldrüse stehen.

Wichtig
An dieser Stelle nochmals die Warnung: In Zeitungen angebotene Melatoninpräparate aus den USA oder anderen Ländern sind von den hiesigen Behörden nicht zugelassen! Das gilt auch für die Schweiz und Österreich. Es besteht die Gefahr, daß Sie für teures Geld ein banales Vitamin- oder Mineralstoffpräparat kaufen – im günstigsten Fall. Im schlimmsten Fall nehmen Sie ein Medikament ein, das unkontrollierte Wirkungen hat, und gefährden damit Ihre Gesundheit!

Denn sie haben festgestellt: Bei allen Patienten haben die Melatoninwerte bei Tag nach der Behandlung abgenommen. Dafür ist aber der Melatoningehalt im Blut bei Nacht deutlich angestiegen – ohne, daß die Patienten zusätzliches Melatonin eingenommen hätten. Das zeigt, daß es vor allem auf den Rhythmus der Melatoninkonzentrationen ankommt.

Die Pille ist nicht nötig

Achten Sie darauf, daß Sie Ihrem körpereigenen Jungbrunnen nicht selbst den Hahn zudrehen! Halten Sie Ihre natürliche Melatoninproduktion aufrecht; bemühen Sie sich gezielt darum, Ihrer Zirbeldrüse optimale Bedingungen zu schaffen – sowohl für die Melatoninproduktion als auch für die so wichtigen Pausen, in denen kein Melatonin hergestellt wird und der Körper Gelegenheit findet, wach und munter zu werden.

Die tägliche Einnahme von Hormonpillen, von denen heute noch niemand genau sagen kann, welche Langzeitwirkungen diese Behandlung haben kann, bleibt ein riskantes Unterfangen. Überlassen wir die Versorgung unseres Körpers mit Melatonin lieber dem Organ, das von Natur aus dafür bestimmt ist. Wer dafür sorgt, daß seiner Zirbeldrüse optimale Produktionsbedingungen zur Verfügung stehen, wird sich nicht über einen Mangel an Melatonin beklagen können – und kann auf Pillen mit unabwägbaren Nebenwirkungen getrost verzichten.

Über die Autorin

Dr. Ingeborg Cernaj ist Biochemikerin und Humanbiologin. Die bekannte Medizinjournalistin und Herausgeberin eines umweltmedizinischen Informationsdienstes schreibt über brisante, aktuelle Gesundheitsprobleme unserer Zeit.

Literatur

Dr. Cernaj, I./Dr. Cernaj, J.: Gesund und schön durch Enzyme. Südwest Verlag. München, 2. Auflage 1996

Hellmiß, Margot: Heilfasten nach F.X. Mayr. Südwest Verlag. München, 3. Auflage 1996

Hellmiß, M./Kriegisch, Dr. N.: Schlank und fit durch gesundes Fasten. Südwest Verlag. München 1996

Oberbeil, Klaus: Fit durch gesunde Ernährung. Südwest Verlag. München, 5. Auflage 1996

Wellmann, J./Wormer, Dr. E.: Hormone – Luststoffe des Körpers. Südwest Verlag. München, 3. Auflage 1996

Hinweis

Das vorliegende Buch ist sorgfältig erarbeitet worden. Dennoch erfolgen alle Angaben ohne Gewähr. Weder Autorin noch Verlag können für eventuelle Nachteile oder Schäden, die aus den im Buch gemachten praktischen Hinweisen resultieren, eine Haftung übernehmen.

Bildnachweis

AKG, Berlin: 6; image bank, München: 5 (Larry D. Gordon), 17 (D. W. Hamilton), 37, 37 (Derek Redfearn), 70 (Rita Maas); Alfred Pasieka, Hilden: 8, 11; Tony Stone, München: Titelbild (U1) (Stuart McClymont), 2 (TSW), 22 (James Darell), 27 (Scott Goldsmith), 35 (Bruce Ayres), 40 (George Haling), 46 (John Lawrence), 51 (Philip & Karen Smith), 63 (Peter Correz), 76 (Paul Redman), 82 (Chris Everard), 92 (Jeff Blanton), (U4) Donna Day

Impressum

2. Auflage 1996

Lektorat:
Dr. Alex Klubertanz
Medizinische Fachberatung:
Dr. med. Christiane Lentz
Redaktionsleitung:
Josef K. Pöllath
Bildredaktion:
Barbara Glöggler
Produktion:
Manfred Metzger
Konzeption und Realisation:
Livingston Media Matthias Müller-Michaelis, Hamburg
Umschlag:
Till Eiden
DTP/Satz:
Sylvia Lingner
Grafisches Konzept:
Christine Paxmann, München
Druck:
Color-Offset, München
Bindung:
R. Oldenbourg, München
Printed in Germany

Gedruckt auf chlor- und säurearmem Papier
ISBN 3-517-01846-5

Register